心を育てる中学受験

全員が中学受験する洗足学園小学校が大切にしていること

吉田英也
Hideya Yoshida

洗足学園小学校前校長

中央公論新社

JN037650

はじめに

私は神奈川県川崎市にある学校法人洗足《せんぞく》学園に44年間勤めました。そのうち30年は中学高等学校、そして14年間は小学校に勤務しました。

中高にいた30年の間、ややのんびりしたお嬢さん学校から進学校へと学校が変わっていく様子をつぶさに見てきました。

一部の教員による「学校を変えよう」という動きが次第にひろがって、教員全体の意識改革に発展、学校全体の雰囲気が変わり、学校を変えることができたのだと思います。

学校を変えるためには、生徒や保護者の意識を変えることはもちろん、教員の意識改革が一番のカギとなります。生徒の持つ可能性を広げる、人生の選択肢を増やす、自分のことだけでなく社会のために何ができるのかを考えさせる、こうしたことを教員の側が意識することで、学校が変わるのを実感してきました。

その後の小学校では中高での経験を活かして、さまざまな取り組みをおこないました。教員の意識を変えることは、やはり大きな課題でした。子どもたちに対して、テストの点数だけあげればよいのではなく、他者を思いやり、みんなのために何ができるかを考えさせるよう導くことを常に心に留めている教員であってほしい。これが私の願いでした。

ある程度うまくいったと思います。しかし、中高での取り組みと小学校での取り組みでは、大きく違う面があることにも気づかされます。

それは「保護者のかかわり」です。

中高では、生徒が主体です。生徒が受験したい、こうした大学へ合格したいという強い思いがエネルギーとなります。ですから生徒に情報を与え、自分の将来を考えさせ、意欲を引き出し、チャレンジさせていくことが求められます。それを黒子《くろこ》となって導いていくのが教員です。

しかし、小学生にとっては保護者の存在があまりにも大きい。ましてや、親子一体で取り組まなければならない中学受験を視野に入れて小学校生活を送る洗足学園の子にとってはなおさらです。

中学受験は「親子の受験」といわれます。まだ幼く、成長段階にある子どもたちが、未来の自分について自ら決めていくのは、やはり難しい。

そこで小学校では保護者の意識を高めることが、大事だと思うに至ったわけです。もちろん教員には、高い意識をもってもらう必要があります。それと同時に、子どもの人生をより良いものにする環境を整えるには、保護者の意識を変えてもらう必要がありました。つまり、自分事として保護者に考えてもらうのです。

そこで毎月、「ますみ」という学校だよりを発行し、その時々のニュース、書籍、新聞や雑誌の記事などで、子育ての参考になりそうなものを題材として、私が考えたこと、保護者に考えてほしいことを発信していきました。こうあってほしいと願う親、子どもの人生を導いてくれる親の姿を、常に頭に置きながら書きました。本書は、その学校だよりでお伝えしてきたことを凝縮したものです。

このメッセージの中で私がいつも伝えたいと考えていたのは、「生きる力をもつ子どもたちを育てる」ということ。これは教師としての私の教育方針であり、大前提です。この目標を常に保護者の方と共有していたかったのです。

「生きる力」、それはたとえうまくいかないことがあっても、自分の頭で考え、周りの人に助けを求めながら、どうにかこうにか乗り越える力、自分自身で乗り越え方を考える力です。

中高時代の学校改革を通して、『「生きる力』を備える子どもを育てたい」と強く感じ始めました。そして、小学校に異動してからは、私の信条となったのです。

今、学校だよりをあらためて読み返すと、目標へむけて具体的にどうすればいいか、手をかえ、品をかえ、伝え続けていた、と感じます。

それは「あたりまえのことをあたりまえにする」ということなのです。

あたりまえのこと、それは、人がいやがることはしない、意地悪をしない、困った人がいれば手を差し伸べる、弱い者いじめをしない、きちんとあいさつをする、相手の気持ちを考えるといったことです。あまりにもあたりまえのことばかりです。

しかし、この「あたりまえのことをあたりまえにする」のは、とても難しい。強い意志が必要です。そのあたりまえのことができる人間こそ、人から信頼されるリーダーになれるのです。

人としてあたりまえのことをあたりまえにこなしていく。そのことが、どれほど人生を豊かにし、幸せを感じさせるかを、私は自分自身の人生の中でも、44年にわたる教員生活でも幾度も実感してきました。

「あたりまえのこと」を「あたりまえ」ととらえて行動できる子どもは、「生きる力」を身につけ、集中できる、無用な争いを避け、平和な心で毎日を過ごせるようになります。

そんな子どもを育てていくのは、大人である私たちの責任です。

中学受験に臨む子どもたちは、たかだか12年しか生きていない中で受験を経験します。しかしその貴重な12年間を「勉強しかしなかった」「しんどかった」という記憶に埋もれさせるわけにはいきません。

そのために、親御さんにできることは無限にあります。

本書でヒントを得ていただければ望外の喜びです。

吉田英也

目次

第2章　「生きる力」を備えるためのメソッド　61

第4章　親の「非認知能力」の高め方　147

序章

洗足学園中学高等学校は なぜ大躍進したのか

のんびりお嬢さん学校から進学校へ。ともに走った30年

洗足学園の中学高等学校は首都圏の私立中高一貫校の中にあって、最も急激に変化し、改革が成功した学校のひとつとして評価されています。

改革の動きが始まる以前は、当時の他の多くの学校と同じように、高校募集が主体で、音楽科を除くと四年制の大学への進学者は、数名しかいない状況でした。１９７０年代の女子高はどこもそういう時代だったのです。

その後、難関大学（国公立、早慶、ＭＡＲＣＨ）への合格者が増加し、１９９３年に7名だった合格者は、２０００年に１１０名、２０１０年に３８２名、２０２０年には８３０名と急増。２０２３年には東大に22名の合格者を出す首都圏でも有数の進学校になりました。そこにかかわることができたのは、大変幸運であったと思います。

私が教員としてスタートしたのは１９７９（昭和54）年。洗足学園の中学高等学校に社

会科教員として採用されました。

日本は高度経済成長期から安定成長期へ入り始めた時期で、まだまだ競争社会の原理が強く働いている時代でしたが、一方で、そのころの洗足学園中学高校は、女子校ゆえののんびりとした校風。このころはまだまだ女子の大学進学率は12％程度で、企業における女性の地位も必ずしも高いものではなく、活躍する女性には「女性初」という肩書がしばしば用いられたものです。

就任当時の校長は、名門都立高校の校長・全国校長会の会長を歴任し、学校の評判をあげようとする意欲にあふれた人物でした。英語科を新設したほか、海外修学旅行の実施、プールの建設、事務室・職員室のための本部棟の建設など次から次へと新しい改革をおこなっていたのです。

当時、教員の世代交代があり、私が採用された前後にたくさんの若い教員が勤務し始めました。私自身は、正直に言うと当初はあまり学校の将来を考えることもなく、ソフトボール部顧問と学校行事に力を入れるなど、ある意味、大変楽しい時代でもありました。

しかし、時代は少しずつ動いていきました。女子の進学率も伸びつつあり、一部の教員の中に、外部の研修や勉強会などを通じて、時代状況や将来を考え、中高がこのままではいけないのではないかと考えるような動きが出てきたのです。バスケットボール部、卓球部、テニス部といった部活の顧問の教員同士、それぞれの部活が終わると集まっては、楽しく、そして真剣に話をするようになっていきました。しばらくすると、自然発生的にごく内輪で若手の学習会などが開かれるようになりましたが、まだまだ少数派でした。

前校長の定年にともない新校長に交代したのが1988年。世の中はまさにバブル景気でした。翌年、新校長は改革に意欲的な私たち若手の一人を教頭に抜擢したのです。

そのM教頭は、手始めに他校の生徒募集のノウハウを調べました。最初のうちはツテを頼っていろいろな塾関係者、他校の先生に会い、どんなことをしているのか、何をすべきかを聞いてまわりました。そのころ、私たちは中学受験に偏差値表なるものが存在することすら知らず、日能研の偏差値表をはじめて見せられて驚いたものでした。

M教頭は、まず「入試広報」の部署を新たに設立しました。そこで、私たちも塾回りなどの広報活動も積極的におこないましたが、まだまだ知名度が低いことを実感させられたものです。しかし、私たちはめげませんでした。

当時はまだ実績がないので、一人ひとりの生徒を細かく丁寧に面倒を見ると約束をするなど、これからへの期待感だけで募集をおこなっていきました。それだけでも応募者が増えたのですが、さらに1990年度からは入試制度を変更し、パンフレットを刷新し、説明会ではいろいろな資料を揃えて渡すなどを工夫したところ、学校説明会への参加者も受験者も激増したのです。偏差値も少しずつ上昇していきました。

一方、大学進学の面では、後に副校長となる進路指導部のE先生が、進学実績を高める努力をしていました。E先生は、これから少子化が進むと、女子も短大ではなく四年制大学進学が主流になると予測し、その期待に応えられない高校は生徒が集まらなくなる、と考えていたのです。当時あった英語科は、英語が好きな生徒が集まっており、受験に耐えられる人材が揃っていました。彼は、そういった生徒を一本釣りし、大学受験に向かわせたのです。その結果、少しずつ実績を上げるようになりました。

当時、帰国生を募集の目玉にしたことも成功の一助となりました。校舎を構える東急田園都市線の沿線には大企業の社宅も多いことから、帰国子女が多く存在していたことに着目しました。思うような進学先に恵まれていなかった彼女たちの受け皿になることを目指したのです。

このような改革の中で、保守的で変化を望まない、新しいチャレンジが苦手な教員を動かすのはやはり大変でした。そこで改革に熱心な先生や理解を示している先生に学年主任を担当してもらい、そのパーソナリティで学年を引っ張っていくという方法をとって乗り切っていきました。

このころの私をいつも指導してくれたのは、のちに教頭となるT先生でした。彼は授業の進め方、生徒の育て方、クラスの運営、学年団を引っ張るリーダー力などすべてにおいて秀でた存在でした。T先生と一緒に学年を組んで、そのノウハウを身につけた私も、30代の若輩者ながら、次の年度には新中1の学年主任としてデビューしました。入学したての中1は、勉強や将来に対する考え方の基準となる価値観の基礎をつくる大事な学年です。ここでその後の6年間の方向性が決まってしまうとも言えます。

翌年は、T先生が再び中1の学年主任を担当して私は中2を、その翌年は私が中1、そしてT先生は中2を、というように交互に担当しながら、学年団のあり方を大きく変えていったのです。

ほかにもT先生から学んだことはたくさんあります。たとえば学年会では事前に必ず自分の案を固めて臨み、それをたたき台にするということです。そのうえで、私の片腕として働いてくれる若手とは、会議後、職員室に残って話し合いを重ねました。他にも保護者を巻き込むような指導を心がける、保護者にわかりやすい資料を提供するといったT先生の教えは、今でも学校全体に受け継がれていると思います。

私が最初に主任を担当した学年には、ベテランの先生が集まっていました。先生たちは成績がふるわない、素行が悪い、などの生徒指導に関して大変熱心で、正論が通るような環境がありました。生活指導も大変な時期でしたが、この分野をベテランの先生方に任せることができたのはとても大きかったと今でも感謝しています。

その後、再び校長が代わり、制服の変更、新校舎の建設計画が話題になり、志願者は急増します。3回入試になった1999年には、総計2501名の志願者を集め、首都圏の女子校で最大の出願者数を記録しました。新校長は洗足を「川崎のフェリスにする」と公言していましたが、私たちはひそかに、どこかの真似をするのではなく、あくまでも「洗足は洗足」として独自の個性を創り上げていくことを目標にしていました。

新校舎に引っ越したのが2000年4月ですが、そのとき、教育システムも大きく変更しました。これらは入学してくる生徒の質が向上し、若く柔軟な考えを持った教員が多くなったからこそできた改革です。その数年前に実施していたら、おそらく失敗したのではないでしょうか。

新しい取り組みをするには、「時機」があるように思います。どんなに良い取り組みでも生徒の質や教員の質、環境が整わなければ成功しません。私たちも他の成功している学校の取り組みを何でも真似たわけではなく、時機を見て取り入れたのです。

入試広報の前線から見えた生徒、親、学校の変化

2002年、M教頭が校長に就任しました。50代前半の若い校長の誕生です。最初のうちは「大丈夫かな」と心配する声もありました。しかし、結果としてみると何も問題がな

いだけでなく、M校長だからできたことがたくさんありました。学校運営や危機管理などでも優れていましたが、特に、生徒の自主性を育てるしかけや社会への貢献という点で優れた点があったのです。

M校長の誕生は、私たちにとっても、よりやりやすい環境をもたらしました。私は教員になってからすでに20年以上経っており、入試広報委員長としての自分なりの「使命」を感じながら仕事をしていました。M校長は「中高の顔」として外で多くの人と会っていろいろと教えてもらえるような人脈を作ることに長けており、私たちは内側を固めることに専念できました。また、M校長に対しては言いたいことを遠慮なく言うことができ、時には「それは違う」と堂々と反対することもできる風通しのよい職場ができあがっていました。

そのころ、我々は「生徒が自律的に行動できるようにしていくこと」を教育の目標に掲げたのですが、これはとてもリスキーなことでもありました。学習の内容を深めていくだけでなく、生徒会を中心とした自治的な活動を盛り上げていくのは、教員側にも多くの負担がかかるからです。

いきなりプールに放り込んで、さあ泳げというやり方もあるかもしれませんが、それではうまくいかないことのほうが多いように思います。それよりは手をつかんでバタ足を覚えさせ、少しずつ手を離していくほうが、生徒自身は達成感をもつことができる。そんな手法を生徒の自主性を育てる場合にも使っているのですが、これはとても手間がかかることなのです。

例えば、体育祭を生徒たちの自主運営に任せたのですが、実行委員会を立ち上げて、どんな係が必要なのかを考えさせるところから、ゆっくりと進めていきました。

学園祭では、飲食店ばかりにならないように話し合いを持たせたり、収支を透明にするなどのアドバイスをしながら、基本的には見守っていきました。

学習の面でも、自律的に行動できるように自習室を設け、生徒からの質問は各教科でいつでも受けられるような環境を整えました。

手間をかけたおかげもあり、しだいに洗足学園中学高校は自主性を持った生徒たちが増え、大学進学実績においても数字を出す女子校として注目されるようになりました。ついに東大に複数の合格者を出し、難関大学への合格者数もかなりのものとなってきました。長い間、淡々と進学指導を続けてきて、ようやく結果が出たといえます。

もちろん学校の質は、東大をはじめとする大学合格者の数字ではないと承知していますが、広報の前線にいると、保護者は進学実績に敏感で、それなりの結果が出ていることを前提に学校選びをする傾向にあります。進学実績が同じ程度の学校の中から、情操教育・道徳教育など特色があり、自分の子にあった学校を選ぼうとします。

生徒が学校に誇りを持てる文化を創ろう

やがて数年経ち、洗足でトップクラスの成績の生徒は東大を受験してあたりまえという雰囲気ができました。次なるステージへ上ったということです。

良い学校には、独自の良い文化があります。生徒一人ひとりのもつ雰囲気、その学校を卒業していることが納得できるような生き方や考え方、行動などの価値観といったものです。ひと目であの学校の生徒だということがわかる文化を洗足学園も明確にしたいと考えました。そのためには、生徒が洗足の生徒であることに誇りを持つことが必要です。そんな生徒の育成が次の課題となりました。

最近考えるのは、自分の学校に誇りを持つことと進学実績は関連性が高いということです。進学実績が上がったことで回りから注目され、いつの間にか制服に憧れ、洗足の生徒になることを目指して入学してくる生徒が増え、学校に対する肯定感が自然に高まったように感じます。

そのころ、私たちは、学校で成人式をおこなうというイベントも始めました。

成人式は地域単位で開かれるため、地元の公立中学に行かなかった生徒は、肩身の狭い思いをしていたようです。そこで、成人の日に学校で成人式をおこなうようにしたのです。予想以上の卒業生が集まり「やっぱり中高が一番楽しかった」「ここでの友だちが一生の友だ」などと大いに盛り上がりました。洗足学園へのアイデンティティを確認できるイベントになったことは、学校文化を創ることにつながりました。

中高の改革時代を振り返ると、私たちは常にいつも少し高いところに目標を設定していたような気がします。

目標とする大学の合格者数は、当初の文科系だけでなく、理科系、医学系でも活躍する生徒を増やしたいと願い、日本だけでなく世界の中で活躍できる女性を育てたいと願ってきました。頑張れば何とかなりそうだという高めの目標を設定し続けることが成功を導く力になると思います。

洗足学園中学高等学校の発展は、時代の後押しや、偶然やラッキーによる面も多かったと思いますが、自分よりも真っ先に学校のことを考える先生たちに恵まれた点が一番大きかったのではないでしょうか。信頼できる先生たちと一緒に全力を傾けた30年は、私の人生の財産です。

２００９年、そんな経験を糧《かて》に、私は小学校に赴任したのでした。

第1章

全員が中学受験する小学校

「全員が中学受験をする小学校」宣言

洗足学園小学校長に就任したのは、2010年です。小学校は男女共学で、もともと進学校として知られていました。その伝統を踏まえて、教員と話し合い、より特徴が顕著になる改革をおこなったところ、御三家といわれるような難関中学に多数合格させることができるようになりました。

11年に311名だった小学校志願者は、22年には626名と倍増しました。洗足学園小学校の理念に賛同してくださる保護者の方がこれだけ増えたのはとてもありがたいことです。

また、他の私立小学校からの視察や見学も増えました。充実した施設といった教育環境だけでなく、授業内容や教育理念についても聞かれるようになりました。

では、洗足の子どもたちがなぜ、難関中学に多数合格できるようになったのでしょうか？　これはひとえに「生きる力」の土台をもったお子さんに入学していただき、さらに「生きる力」がつくことを意識した教育を心がけたから、と言っていいと思います。

幼少時に生きる力の土台をしっかり作ることができれば、子どもたちは仲間とともに楽しく過ごし、集中力を身につけ、自分をコントロールして、毎日のルーティンをこなしていくことができます。困ったことがあれば、自分の頭で考えたり、周りに相談したりして、なんとか乗り越えようとします。**あたりまえのことがあたりまえにできるようになる**のです。そうすると目先の勉強、そして中学受験、その先の大学受験などを小さな通過点としてうまく乗り越えていけるのです。


洗足学園小学校は、全員が中学受験する小学校です。

私が異動する以前から、洗足学園小学校では、系列の中高は女子校であるため、男子は全員、外部の中学を受験しなければなりませんでした。また、女子も内部入試で入学できるとはいえ全員が合格するわけではないため、やはり男子と同じように「受験」を前提にしています。

実は、私は中高時代、小学校からの内部進学の制度変更を提案し、それまでの「内部を希望する場合は専願でなければならず 他校は受験できない」という決まりを、「内部入試の合格者は内部進学の権利を持ったまま、外部受験もできる」方式へと変えました。この制度を取り入れることにより、小学校の女子児童のほぼ全員が内部を受験することになりました。結果として、内部入試の難易度は上がり、内部進学で入学する生徒のレベルも上がることにつながったのです。

小学校に異動してみて、系列校なのに希望する女子全員を合格させてくれない制度を作ってしまったことについて、やや後悔に似た気持ちを抱きました。立場が変わると制度に対する印象も変わるものです。

洗足学園中学高校は近年どんどん進学実績を上げていますから、以前から厳しかった内部入試はますます厳しいものになっています。しかし、女子児童たちもこの制度をうまく活用して、外部の難関校に積極的にチャレンジしています。

そんな「全員受験」が前提の私立小学校ですが、私が異動した当時は、中学受験を前面に出した方針は取っていませんでした。

それは、中学受験と「塾」は切り離せないので、教育に塾の影響があるのを嫌う教員が一部にいたことも影響しています。また、保護者も表立って中学受験を話題にするのは控える傾向がありました。周囲の目を意識するがゆえのことだったかもしれません。

中学受験には、メリットとデメリットがある。よく言われることです。

中学受験に否定的な意見の人は、詰め込み教育だ、夜遅くまで塾にいるのは不健全だ、子どもは小学生の間はのびのびと遊ぶことが大切だ、と言います。確かにそうしたマイナス面があることは否めません。

しかし、中学受験をするしないにかかわらず、習い事をたくさんさせている家庭もあれば、子どもがゲームばかりしている家庭もあります。両親が共働きの場合は学童で過ごす子どもたちも大勢います。今、小学生たちは、学校から帰って、ランドセルを放り投げてすぐに外で友だち同士、のびのびと遊ぶ、という時代ではなくなっているといえるでしょう。

デメリットを超えるメリットがあることは、受験した当事者たちがよく話してくれます。子どもたちは遊び感覚で勉強し、友だちと楽しく塾通いをしていたと、よい思い出として語ってくれています。

これは中学受験に成功した子どもだからこその感想だと思われるでしょうか？

中学受験には成功も失敗もありません。長い人生の通過点であり、一里塚ではありますが、そこで将来が決まるわけでもなんでもないのです。自分の小学校生活は楽しかった、という思い出を語ってくれる生徒が多いのは、受験という目標を掲げてがんばっていたことも大きいように思います。

保護者の考え方、取り組み方次第で、中学受験は親子がともに大きく成長するチャンスにもなるのです。お子さんの人生を豊かにし、よく生きるきっかけになります。

進路サポートルーム開設

校長になってすぐに、学校として積極的に中学受験を肯定し、児童の中学受験を全面的にバックアップしていこうという方針を決めました。そのことに内心では疑問を持つ教員もいたかもしれませんが、大きな反対もなく、教員間の合意がある程度できたことで、同じ方向に向かって進むことができる手ごたえを感じました。

そこからは、新設した進路サポートの部署を中心に活動を進めました。「サポート」という名前にしたのは、あくまでも指導するのではなく、志望する中学へ進学したいという児童とその保護者の願いを支援するという意味を込めたからです。

進路サポートルームの開設にあたっては、高校で担当した進路指導部の経験を呼び起こし、その活動を手本にしながら進めました。東京・神奈川の主な中学校の学校案内を取り寄せて展示したり、受験関係の情報が手に入るようにし

進路サポートルームには最新の学校案内、資料を揃え、
児童たちの進路相談にこたえる

たりしました。

また、卒業生に、合格した中学校の受験体験レポートを書いてもらって、それをファイリングすることにより、いつでも手に取れるようにしました。

6年生に向けて、卒業生に体験を語ってもらう会も設けました。

卒業生の親が経験を伝える座談会は、学校の意思表示になった

進路サポートルーム開設と同時に手をつけたのは、**保護者への対応**です。中高と小学校の進路指導にかかわった私が実感する両者の大きく違う点――それは、保護者のかかわり方です。

中高生にとっての大学受験は、本人の自覚と意志が何よりも必要になります。親にでき

ることは子どもを励ますこと、そして常に平常心で向き合うことぐらいです。

しかし小学生がチャレンジする**中学受験は親子一体で臨まなければなりません**。もちろん、がんばるのは本人ですが、中学受験をするかどうか、そして志望校を決めるのは子どもではなく、それぞれの家庭の教育方針や価値観、そして子どもの性格や能力を見極めて、親が方向付けをするのは避けられない事実です。

そこで、洗足の小学校では、在校生の保護者に向けて、卒業生保護者の座談会を企画しました。中学受験は、親子一体型のチャレンジであること、また保護者の役割が大きいことを認めたうえで、経験を持つ保護者の話を聞く機会は重要だと考えたのです。

毎年4月末に、直前に卒業した児童の保護者数名を招き、事前に集めた質問に答える形で体験を語っていただきます。参加するのは4年生以上の保護者。毎年200名以上の在校生保護者が参加し、熱心に話を聞きます。

卒業生保護者の話は多岐にわたります。通塾を始めた時期、塾選びの際に気をつけたこと、転塾のこと、学校の宿題との両立、過去問に取り組み始めた時期、健康管理、入試当日の話などさまざまです。そして、保護者によって取り組みもそれぞれです。一から十まで管理した方もいれば、子どもの自主性にまかせた方、両親で役割分担をした方もいます。

私のほうは、話のどこかがこれから受験する保護者の参考になればよいと考えていましたから、制限することなく自由に話をしていただきました。

同じ小学校で、同じ教材を使い、同じような先生たちから学び、同じような中学校を目指しているわけですから、経験者の話はとても参考になると思います。1時間半ほどの会ですが、終わった後には個別に質問する方もいますし、「大変参考になった」「みんなが受験する環境でよかった」などの感想をアンケートに書かれている方も多くいらっしゃいました。

この卒業生保護者の座談会が、学校が中学受験を前面に出して本気で取り組む、つまり

受験体験座談会の風景

洗足学園小学校では中学受験があたりまえであることの意思表示になったように思います。

これから入学を考えている保護者に対しての学校説明会も同じです。学校説明の最初に「全員が中学受験にチャレンジする小学校」であることを話すようにしました。そして、中学受験という経験が人生の良い選択になることも丁寧に話すように心がけました。洗足学園小の教育の目標は、社会に奉仕し、貢献できる、また社会をより良い方向へと導くことのできる人材、すなわち「社会のリーダー」を育てる土台を築くことであり、中学受験がその「社会のリーダー」に必要とされる力を身につける大きなきっかけになることも説明しました。カリキュラムや教材、様々な取り組みが中学受験にいかに有利な仕組みであるかをアピールしたわけです。

卒業生の合格校・進学先を説明会の資料として配布していたのですが、さらに私は、個人情報に配慮しながら、卒業生全員の進学先一覧を入学の難易度順で並べたものを追加しました。少しやりすぎだったかもしれませんが、児童のがんばった証《あかし》を見てほしい、それに続いてほしいという思いでおこないました。

宿題の丸つけは、親のサポート事始

説明会などでよく出るのは「宿題は多いですか」という質問です。その質問の背景には、宿題が多いとそれを管理しなければならず、親の負担が増えるのは好ましくないという気持ちがあるのかもしれません。

もちろん宿題の量は学年によって異なりますし、その子どもによって宿題にかかる時間も違いますから一概に言えませんが、確かに一般の小学校よりは少し多めではあります。

なぜ、宿題を出すのか？　それは「**毎日の学習の習慣をつけてほしいから**」です。家庭学習の習慣を作ることは、その後の学習態度を大きく左右します。

そして、洗足では宿題のチェックや丸つけを保護者にお願いしています。これはもしかしたら、保護者にはかなりの負担かもしれません。

しかし、学習は、学校で学んだことを家庭で復習することで定着します。学習の段階が上がると以前学習した内容の理解の上に新しい学習が積み重なるようになります。

そういう意味で、家庭での学習への保護者のかかわりは重要です。保護者の方が丸つけをする中で、現在の学習内容とお子様の理解度を把握していただくのです。そこで理解の不十分な分野があるようならば、別の教材などを使って理解が進むように補充してほしいのです。その繰り返しが学習の大きな差になっていきます。

親に評価してもらうと、子どもはどんどんやる気を蓄《たくわ》えていきます。宿題にかかわっている親は、テストの点の結果ではなく、内容についての判断や対応ができるようになります。

宿題の丸つけをきっかけにお子さんとのコミュニケーションを取ってほしいという願いもあります。授業のことや先生のこと、友達のことなどいろいろと話してほしいのです。それが親への信頼を生むことになります。経験上、親子のコミュニケーションがよくとれている家庭は、子どもが精神的に安定しているので、中学受験でもよい結果を出していきます。

洗足名物「三種の神器」は、毎日机に向かうため
①読破ノート　②日記漢字　③筆算検定

昔からの取り組みとして「読破ノート」「日記漢字」「筆算検定」を続けています。これはいうなれば「読み書きそろばん」です。面白く取り組めるように工夫されています。

①読破ノート

本を読む習慣は何よりも大事なので、学校全体で読書に力を入れています。毎日20分間の朝読書、週に1コマの読書の授業、そして「読破ノート」には図書室のものだけではなく、どんな本であってもとにかく自分が読んだ本を記録します。

100冊読むごとに図書室の壁に掲げた名簿にシールが貼られます。シールをモチベーションにして読書が進むことになるのです。学年が上がると千冊以上読んでいる子どもも

たくさん出てきます。本はいろいろなことを教えてくれます。読めば読むほど、心が豊かになります。読書好きな子どもがたくさんいるのは、頼もしいことです。

②日記漢字

毎日1ページの日記と1ページの漢字練習をして担任に毎朝提出します。自分で選んだ漢字を練習します。

文章を書く、漢字を正確に覚えることが習慣化する仕掛けです。この「日記漢字」を毎日提出することで、家で少しでも一日を振り返る習慣をつけてほしいという願いも込められています。たったノート1ページですが、その日にあったことや考えたことをメモのように日記にして担任に提出し、下校時間までに担任がそこにコメントすることで双方向のコミュニケーションが生まれます。小さなコミュニケーションですが、6年間で数十冊になります。個人的な交換日記のようなこの日記漢字がいい思い出になっている卒業生はとても多いようです。

③筆算検定

「筆算検定」は、30〜40問の計算問題を5分間で解く独自の検定制度です。月に一度おこないますが、32段階の昇級を競い合いながら、計算問題を速く正確に解く力がつきます。**この筆算検定へ向けた対策を親子で取り組んでいる家庭の子どもは、算数が得意になる傾向があるようです。**

最初は20級から始まり19、18と進み1級までいくと次は初段、2段と上がっていき、10段の次に名人、超人まで、全部で32段階あります。ゲーム感覚で取り組んでいるので、楽しく計算力が身につき、うまくいくと5年生で名人、そして最高位の超人をとる児童も出てきます。超人までいくと、その後は安定して名人、超人を繰り返し獲得する計算力をつけているのです。

親御さんは見ただけで頭が痛くなりそうな計算問題ですが、これを子どもが難なくこなしているのを見ると、現役の子どもの頭の柔らかさを尊敬してしまいます。私もときどき挑戦しますが、名人、超人はタイムアップとなり、解ききれません。

これらの取り組みで、学習の習慣が自然についていきますし、やるのがあたりまえであるという環境の中で、友人たちと競い合い、切磋琢磨《せっさたくま》することで継続できるわけです。

ベースになる学力を自分のものとしているからこそ、普段の授業では中学受験に対応できるような高度な内容を取り入れた学習も進められるようになります。また、自分で調べ、考え、まとめ、発表する、質問や議論をするといった授業にも対応できるようになります。

そういう意味で「読破ノート」「日記漢字」「筆算検定」の果たす役割は大きいものだと言えます。

朝の読書タイム

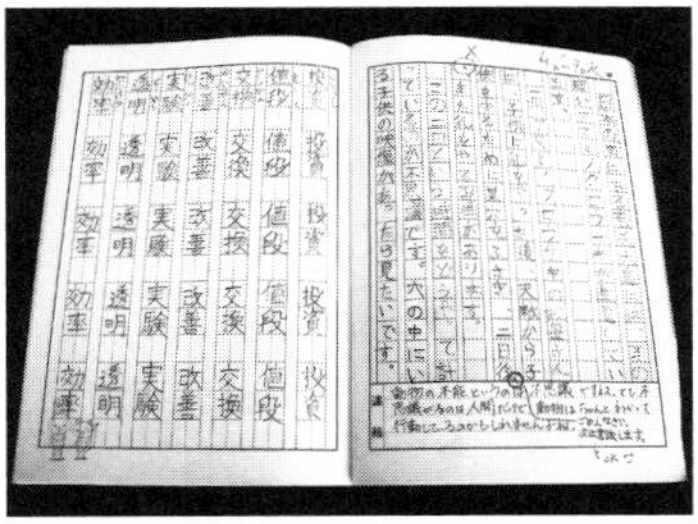
日記漢字

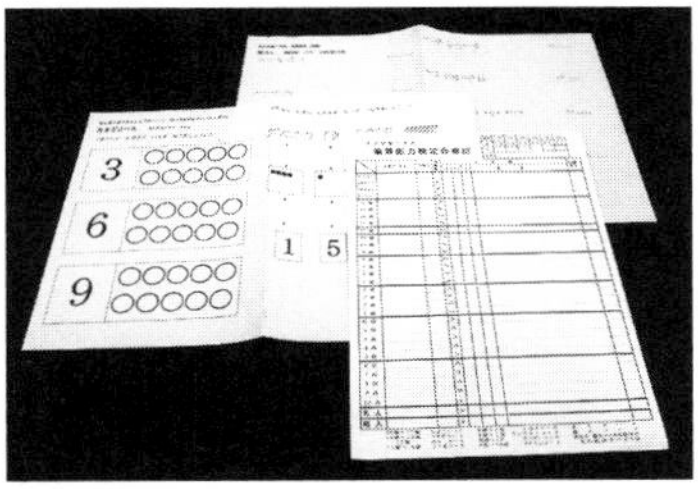

筆算検定

洗足は教育のＩＣＴ化も最先端というほど進んでいます。このところは一人1台のiPadをどの授業でも使っているのですが、調べたり、発表したりするのに欠かせない、大事なアイテムになっています。

例えば、２０２０年3月にコロナによる一斉休校があった時、洗足学園小学校ではいち早くオンライン授業をおこないました。これは、その数年前から教育のＩＣＴ化を進めており、すでに中学年以上には一人1台のタブレット端末を所持する環境がほぼ整っていたことが功を奏したといえます。また、教頭をはじめとして頼りになる若手の教員たちが、積極的に素早く具体化してくれたことも大きかったと思います。時代の動きを敏感にキャッチできる柔軟性をもつ教員たちの力を感じた出来事でした。子どもたち、そして保護者の方々もよくその波についてきてくれました。

行事には学校全体で燃える！

中学受験に特化した学校だから、勉強ばかりだろうと思われると、それは違います。学校でなければ経験できないことを取り入れて、いろいろな経験を積むように工夫しています。

中学受験がある環境の中で注意しなければならないのは、どうしても点数や偏差値に振り回されてしまうことです。受験では偏差値という物差しを避けて通ることはできません。友だちを、模試の成績や偏差値で見てしまう場面が必ず出てきてしまいます。塾に行けば成績順のクラスで勉強します。模試を受ければ偏差値や合格可能性が示されます。こうしたものと無縁な生活はできません。

ともすると成績が良いから立派だ、成績が悪いからダメだという見方をしてしまいがちです。それは違う、人の価値は点数や偏差値で表されるものではない、ということを親も子も、強く思う必要があります。心を育てることこそ、「社会のリーダー」に必要な条件のひとつなのですから。

ではその社会のリーダーとしての心を育てるために、どのような取り組みをしたのかと聞かれることもあります。決して特別なことをしたわけではありません。小学校ならどこでもしているようなことで、運動会や学芸会などの学校行事をしっかりやる、たてわり活動を取り入れる、道徳の授業の工夫をするなどです。

ただそうした活動を漫然とやるのではなく、社会のリーダーを育てるためにおこなうという視点を、教員全体でしっかりと共有しながら取り組みます。子どもたちがそこから何を学ぶかを、論理的に真剣に考えながら進めたわけです。

教員がしっかりと意識するというのは、とても重要なことです。意識していれば、問題が起きたときに課題をあぶりだし、改善点を見つけることができます。

同じ問題が起きたら、解決までの時間が短縮できることになります。そのような教員とともに、学校行事への取り組みの中で、協力することの大切さ、役割を果たす責任、やり遂げた後の達成感や充実感などを具体的に子どもたちに考えたり感じたりしてほしいと思ったのです。

「たてわり活動」も同じです。たてわりの班でもって、一緒にお弁当を食べるランチ会をしたり、一緒に遊んだりする中で、異学年が交流し、弱い者、小さい者への思いやりの心が育まれます。また、学年に応じた役割や責任を果たそうとする気持ちが生まれます。上級生にはリーダーシップを育むチャンスにもなります。

毎年5月には「たてわり遠足」をおこなっています。1年生から6年生までのたてわりグループで、広い公園の中をオリエンテーリングのようにチェックポイントをまわります。6年生は事前の準備を整え、当日に備えます。

当日は、事故のないように注意しながら下級生をリードします。1年生の歩くスピードに合わせて歩かなければなりませんし、はぐれたりしないように注意しなければなりません。とても気を遣います。しかし、そうした気遣いが、リーダーとしての経験になります。下級生もまた、上級生のそうした姿を見て、自分たちも上級学年になったら同じようなことをするんだと学び、下級生にこうしてあげようという気持ちを持つようになります。

たてわり活動でメインとなる行事が、3年生以上が参加する、夏休み最初の「黒姫《くろひめ》移動教室」という宿泊行事です。長野県黒姫高原にある施設へ出かけ、たてわり班で生活を共にします。3泊4日にわたって一日中一緒にいるわけですから、より深い体験・経験ができます。

野外炊事をしたりハイキングをしたりといろいろな活動をする中で、特に私がよくできていると思うアクティビティが「チームチャレンジ」というものです。これは現地のインストラクターの指導の下で、ゲームをしたり課題を解決したりします。たとえば、大型のシーソーにバランスをとって班の全員が乗るという課題や、高い壁を全員が自分たちの力で乗り越えるという課題が出されます。班のみんなが心を合わせ、協力しなければ課題は解決できません。うまくいかなければ、どうすればよいかを真剣に考え、試行錯誤しながら進めていきます。課題をクリアしたときの子どもたちの喜びようは素晴らしいですし、充実感や達成感にあふれたとてもいい顔つきをしています。

他に「たてわりスポーツ大会」などもおこなっていましたが、こうした機会を通じて児童たち同士、顔がわかり話をするようになると、自然に普段の生活の中でも異学年で交流し始めます。登下校を一緒にしたり、休み時間に一緒にドッジボールをしたりするようになります。これもよい効果を生みました。

運動会も遠足も、実は道徳の授業です

道徳の授業もかなり重きをおいて、工夫しました。洗足では夏休み期間中に教員の校内研修をおこなうようにしていました。これは、大学の先生などを招いて専門的見地から指導していただくのですが、道徳が教科化されることが決まった年には、道徳の専門の先生を招き、新しい指導のあり方などを学びました。そしてさらに全クラスで研究授業をおこない、洗足らしい道筋をつけていきました。「考え議論する道徳」「具体的な行事などをテーマにする道徳」を柱としたのです。いろいろな意見があるのを是とし、価値観を押しつけず、考えてもらうことに取り組みました。

また、運動会や学芸会のような行事の際に、練習をまじめにやらない児童にどう対処するかといった問題を具体的に考えてもらうこともありました。

そのような教員の取り組みはきちんと成果として現れ、実際の行事運営を円滑に進めることができるようになったのです。また以前には、運動会の後で負けた組の子どもの一部

から、相手がずるをしたなどの抗議が出て、言い合いになったりする場面もあったのですが、今では負けた組からも自然に拍手が起こるようになりました。

相手を許す練習が、心を強くする

マハトマ・ガンジーは、ご存じのように、植民地としてイギリスに支配されていたインドを独立させるため、リーダーとして先頭に立った20世紀の偉人です。しかも、その独立運動を暴動とか武力を使わずにおこないました。

この「非暴力　不服従」の考え方・行動は、その後の多くの知識人に大きな影響を与えました。

そのガンジーが、次のような言葉を残しています。

「弱い者ほど相手を許すことができない　許すということは強さの証だ」

相手を許すことができる人こそ強い真の勇者であり、真のリーダーだというのです。

子どもたちには、お母さんや友人が約束を守れなかったり、失敗したりしたときに、その相手を許すことができているかを問いかけています。

また、友達から悪口を言われたり、いやなことをされたとき、カッとなって相手に文句を言ったり、言い返したりしていないか、相手がごめんなさいをしているのに許さないなんて言っていないかを問うてみたこともあります。

もし、許せなかったことがあるなら、それは弱い人で、真に強い人は許すことができるはずだとわかってほしかったのです。

リーダーになる人は、相手を許すことができる強い心の持ち主であることは間違いありません。

今の世の中には、「相手を許す」ということがわからない人が多すぎるように思います。やられたからやり返す、それが戦争になり、多くの人を不幸にしているのです。

相手を許すことのできる人が増えれば、こうした不幸は少なくなると思います。

もちろん、これもなかなかできることではありません。自分自身のことを振り返っても、許せないような気持ちになったことがないと言えば、やはり嘘になりますね。

集中力を養う　小学生オーケストラ

洗足学園小の特筆すべき情操教育の一環に、オーケストラ活動があります。「洗足学園小学校オーケストラ」は2004年に結成されたのですが、小学生だけのオーケストラをもっている小学校は、珍しいのではないでしょうか。洗足学園の大学は音楽大学なので、教授をはじめ専門の先生方が直接指導してくれるのも大きな特徴です。最初は音符も読めず、楽器に触れたこともない子どもたちですが、バイオリンやチェロなどの弦楽器、フルートやクラリネット、トランペットなどの管楽器、そして打楽器など自由に楽器を選び、たちまち弾きこなすのは感動的です。

音楽に触れると、心が豊かになり、感性が高まります。またひとつの楽器を演奏できるようになるには、努力が必要であり、**勉強との両立を図るために時間を有効に使う工夫をするようになるので、集中力が高まります**。周りの音を聴きながら演奏することで、協調性も育まれます。何よりも仲間とともにひとつの曲を創り上げていく作業は大変楽しいものであり、達成感を味わうこともできます。

オーケストラの参加者は年に2回の演奏会をはじめ、入学式や卒業式でも演奏の機会がありますが、なんと3年に一度、サントリーホールの舞台に立つという機会もあり、これは本当に貴重な経験となっています。

オーケストラに参加していない子どもも、参加している仲間を応援し、彼らの演奏を鑑賞するのを楽しみにしているようです。演奏会のときはマナーを守って客席から拍手を送っており、卒業生たちも毎年、演奏会に足を運んでくれるなど思わぬ相乗効果が生まれているのはうれしいことです。

演奏会の様子から。オーケストラ活動

「たてわり活動」が生きる力の基礎をつくる

こうした取り組みを通して子どもたちが身につけることができるのは、**コミュニケーション力、協調性、自制心、他者を思いやる心、自己肯定感など「生きる力」に直結するもの**です。これらの力は、近年注目を集めている「非認知能力」とも言われています。点数などで数値化できる「認知能力」以外の力が、「非認知能力」です。洗足学園小学校では、この「非認知能力」こそ大切にしなければならない力だと思っています。

この力を伸ばしていくには、実際の体験・経験がカギになると考えます。前述の学校行事、「たてわり活動」、道徳での議論なども当てはまりますし、草花や野菜の栽培、田植えや稲刈りで田んぼに入ることも貴重な経験です。ナスやキュウリ、ピーマン、トマトなどさまざまな野菜を、苗を植え、成長を観察し、実を収穫する。毎日の観察の中で、その匂いであったり手触りであったり、自分の五感を使って感じるのです。

これらの体験が直接に学習につながるわけではありません。しかし、そうした体験の中で、なぜ、どうしてという疑問や面白いという興味を持つことができたなら、それは自発的な学びの入り口です。知識の習得はここから始まります。そこから教科書で教えられる授業だけでは得られない知恵の獲得につながっていくのです。

校外学習も大事な体験です。工場見学で実際のモノづくりを自分の目で見ることは、ものの見方を変え、視野を広げ、考え方などに影響を与えます。国会・最高裁判所・首相官邸などを見学することで、政治や社会に関する興味関心を引き出し、ニュースへのかかわり方が変わります。また、多摩川の観察や地層観察も理科的な興味関心につながります。五感を使う学びを始まりとして、生きていくのに必要な知識や知恵が身につくのです。

ぶれない物差し作りの時期は

朝会でときどき話したことに、日本で古くから尊ばれてきた「清明心《せいめいしん》」があります。もちろん清明心という言葉は使いませんでしたが、その内容を子どもたちが理解できるようにわかりやすく話していたのです。

「清明心」という言葉を意識なさったことはあるでしょうか。

日本には恵まれた自然があり、四季の変化に富み、各種の生物の生育に適しています。稲作をおこなう中で村落共同体を発展させてきました。一方で、台風や地震、洪水などの災害もあり、自然を畏れ敬う心情が育まれてきました。そこから、自然のさやけさ・清らかさを愛し、濁りのない清らかで晴れやかな心を尊ぶ心情が発達してきたのです。

この心情は、古代日本人が理想とした精神です。そして、これはのちに人に対する誠実な心へと転化します。

そこでは、利己的な心はよくないものと考えられてきました。今の社会で起こっている不正や疑惑隠しのようなことは、こうした価値観に反するものなので、子どもたちには、濁りのない清らかで晴れやかな心を持ってほしいと伝えました。

また、「お天道様《てんとうさま》は見ている」という言葉を使って、自分自身に嘘偽りのない心の大事さを話しました。どこまで伝わったかはわかりませんが、このような話が意識の片隅に少しでも残っていれば、子どもたちの未来は少し変わると信じています。

グローバル化が言われる現代だからこそ、拠《よ》り所《どころ》となる価値観が必要です。現代社会にあって、異文化理解が必要であることは言うまでもありませんが、異文化理解のためには、自分の中に物差しが必要です。その物差しが不正確であったり、時によって変わってしまったりしてはいけません。**ぶれることのない正しい価値観、正しい物差しを心の中に持たなければならない**のです。

その物差しを作り上げるのが、幼少期から高校生までの間です。その意味では、この小学校時代というのは大事な時期です。小学生には、正しい価値観と濁りのない清らかで晴れやかな心を持ち、いつでも正々堂々としていられる人に育ってほしいと願います。

謙虚とは、まず耳を傾けること。相手を大事に思うこと

洗足学園の創立者である前田若尾先生は、自分の財産を投げ打って学校をつくり、当時

恵まれた境遇ではなかった女子の教育に専念しました。

それは、自分の利益のためではなく、男性に頼らなければ生きていけない当時の婦女子の地位と経済的な向上のためにおこなったことです。

おそらく、人に迷惑をかけないという消極的な態度ではなく、一歩進んで人のためになることをする。そんな積極的な態度をとれる人間になってほしいという願いがこめられていたと思います。

若尾先生は生涯でたくさんのことばを残されていますが、そのひとつに『理想高遠　実行卑近』があります。学園の建学の精神をあらわす重要な言葉で、高い目標や夢を持ち、身近なところから地道に実践していきましょうという内容です。

私たちは、理想や夢を持っていたとしても、それを達成できるのはごく一部の人たちだと思い込んでいる傾向があります。そして、大人になればなるほど現実に直面するために、理想や夢を持ち続けられなくなり、あきらめてしまいます。

では、理想や夢というものは実現することだけが大事であり、実現できない理想や夢は価値のないものなのでしょうか。実現できないかもしれないと思いながらも実現できることを信じて、できるだけ努力しようとするその過程にこそ価値があるのではないでしょうか。夢のために頑張る姿が美しいのです。

子どもたちには、夢や高い目標を持つことの大事さを伝えるだけでなく、そのための努力こそが価値あるものなのだと伝えてきたつもりです。

若尾先生は、女子教育のための学校をつくるという目標・夢を掲げ、悪条件を乗り越えて、それを実行し、また、開校した後も、より良い教育を求めて努力を重ねられました。その姿勢を受け継いでいくことは、洗足の歴史の一端を担った私たちの責務ではないかと思います。

もうひとつ、若尾先生の教えの根幹をなすもの、それは「謙虚であること」です。その理念は「洗足」という校名にも表されているのですが、それだけではなく学園設置の趣意書の中でも、先生は「教育の目的を『謙愛』の二字に定めます」と明記されています。この『謙愛』とは先生の造語であり、「謙虚にして愛に充てる心」をさす言葉です。

「謙虚」を辞書で引くと「へりくだって控えめなさま。おごりたかぶらず素直なさま」とあります。自分を強く主張したり、自慢したり、偉ぶったりしないということだと思います。

戦後教育の中で、自己主張することは大切であるという考え方が一般化していったと言えるでしょう。もちろん、私も自己主張することは大切だと思いますし、あいまいなことが良いと思っているわけではありません。

ただ、その一方で自己主張とわがままの区別がついていない人が増えているような気がしているのです。

自己主張とわがままは違います。その違いは、謙虚さにあります。**謙虚であるということは、相手を尊重すること**です。相手を尊重しない主張は、わがままと言われても仕方ないでしょう。

例えば、自分のほうに主張したいことがたくさんあっても、相手の意見をじっくり聞くことは大切です。相手の意見を遮って自分の意見を主張することは謙虚さに欠けると言わざるを得ません。もし相手の意見が間違っていたり、くだらない内容であっても、まずは相手の話に耳を傾けるべきなのです。相手を大事に思うことや尊重することが、謙虚さの中身だと思います。

『謙愛』の目的を達成するためにはどうすればよいのか、教員の側も日々の活動を真摯に反省しながら、子どもたちに創立者の意図するところを伝えていくのも私の使命となっていました。

第2章

「生きる力」を備えるためのメソッド

教育の最終目標は「子どもの自立」

子育ての最終目標は何でしょうか。それは「自立」です。親に依存していた子どもが自分の価値観を持ち、自分自身の幸せを自分の基準で見つけ出す。そのために親からの自立は必須です。そのお手伝いをするのが、学校という社会です。

親からの自立は「経済的自立」と「精神的自立」がありますが、経済的に自立する前に、精神的な自立が先に始まります。

精神的に自立するためには、論理的に人と話し合い、社会の中で孤立することなく過ごしていくことが求められます。これは誰もが小学校に入ると経験すること。つまり精神的自立は小学校時代にスタートするのです。

小学校は、子どもにとって初めての社会です。幼稚園や保育園では、自分以外の人間が存在するということを覚えますが、どうすれば人間関係を円滑に進めていけるかを考えるところまではいきません。

親の価値観の中だけで生きてきた子どもたちは、小学校で初めて、他人の価値観に触れることになります。家庭の中でそれまで王子様、お姫様のように育てられた子どもにとっては、最初のカルチャーショックとなるかもしれません。けれども、同世代と折り合いながら触れ合うのは、楽しいことでもあるはずです。

国語、算数、理科、社会という勉強が始まり、教師という立場の人から教わり知識を吸収していくのも、本来はとても楽しいことです。

教科書は未知の世界への扉です。１ページめくるたびに新しい世界に遭遇することになります。その一方で点数で評価される世界に突入し、親も初めて子どもの成績に触れることになります。これは、子どもにとって厳しいことです。人と比べて自分はできる、できないといった自己評価や他己評価も味わうことになります。

もちろん、学校で勉強する内容全てが、社会で必要とされるわけではありません。現実に、私たちは2次方程式の解き方を知らないと生活できないということはありませんし、歴史上の人物の名前や年号を知らないと仕事ができないわけではありません。他の教科でも同じです。

それではなぜ、膨大な時間を使って勉強するのでしょう。また、なぜ私たちは子どもたちに勉強をさせるのでしょう。

ときどき原点に立ち返ってください

親としては、子どもたちには希望する中学校に入ってほしい、いい大学を卒業してほしい、安定した仕事に就いてほしい、生活の心配のない大人になってほしいという願いをお持ちだろうと思います。将来を思えばこそ、子どもにしっかり勉強しなさいと言っているかもしれません。

しかし、勉強する理由は、経済的によい生活を送るため、というだけではありません。小学生は勉強することで、努力を続ける習慣を身につけることができます。そして何かしらの問題にぶつかったときに、どのように解決すればよいのか自ら考え、実行できるようになるのです。決してお金儲けのための楽な生活のための勉強ではありません。

こんなことは、保護者のみなさんは百も承知のはずです。

しかし、目の前の宿題やすべきことをこなしていく日々では、つい忘れてしまいやすいものです。とにかく勉強して「よい点数をとる」ことに振り回されてしまいます。

親が学ぶことの意味を忘れてしまうと、子どもはどんどん苦しくなります。ときどき原点に立ち返って、日々、努力を厭《いと》わない子どもを育てているということを思い出していただきたいと思います。

社会に出ると、さまざまな問題が連続して降りかかってきます。そして、それらを自らの力で解決しなければ日常生活を平和に楽しく過ごすことはできません。前に進んでいくこともできません。さらに、社会のためになるような行動を生きがいを持って実行するなど、もっとできません。よりよい社会を実現していこうとする力を生み出す源《みなもと》が学力であり、継続的に努力する姿勢なのです。

勉強することは正しいことだ、よいことだ、かっこいいことなのだと自覚させることが大事です。そのために、普段からそう言い続けます。10歳くらいまでは大人の言うことを基本的にはよく聞きますから、小学校時代に勉強を肯定的にとらえるよう言い続けることは、学力の向上に直結するのです。

学校では「学生は勉強するものなのだ」ということを前提に、淡々と毎日が繰り返されます。学びの内容に興味を持ち、知的好奇心が湧いてくると、勉強はつらいものではなく、面白いものになっていくでしょう。

勉強することを「快体験」にする仕掛け

勉強のやる気は周囲の雰囲気に左右されます。私が中高の教員時代、高校1年の学年主任をしていたときに、生徒の英語力が不足していることが模試の結果からわかったため、単語集を持たせ学年全体で毎朝、英単語のテストをしました。朝のＨＲでテストをし、担任が採点して帰りのＨＲで返却するということを半年以上続けました。

はっきり言って、こんなテストで英語力が上がるわけではありません。しかし、このことによって**勉強するのがあたりまえだという雰囲気が学年全体に**広がりました。しだいに休み時間に勉強する生徒もあらわれるようになりました。それは、結果的に大学合格者を増やし、進学実績を伸ばすことにつながったわけです。

勉強するのはあたりまえのことから始まって、勉強が快体験となれば、自然に自ら勉強するようになっていきます。良い中学・高校・大学に入ることがゴールではないのです。そこがゴールになってしまうと志望の学校に合格したところで学びは終わってしまいます。

「できるか、できないか」ではなく「やるか、あきらめるか」

「勉強ができる、できない」と簡単に表現されることが多いですが、「できる、できない」という表現は間違っているということを、私は長い教員生活の中で感じてきました。

中高で担任や学年主任、教科担当者としてたくさんの生徒とかかわり、生徒の勉強に付き合ってきて、こつこつ努力して少しずつ成績を上昇させ、見事に結果を出した生徒をたくさん見てきました。多くはそれぞれに悩んだり苦しんだりしながら学力をつけていきます。その一方で、あふれるほどの能力があるにもかかわらず、怠けてしまったことで成績が伸びず、不完全燃焼の６年間を送った生徒も存在しました。

この経験から言えるのは、中学高校の教育内容であれば、誰もががんばれば理解できて、あるレベルまでは到達できる、必ずできるようになるということです。

それでは、どうしてテストの点数に差が出るのか。

これは**やったかやらなかったかの差なのです**。できていない生徒はやはり勉強していないのです。どのような生徒でも時間をとって一つひとつ丁寧に学習を進めていけば、結果は出ます。

子どもたちにも全校朝礼で話しました。

勉強は「できるか、できないか」ではありません。「やるか、あきらめるか」なのです。

私たちは「できない」と言ってしまいがちですが、実はできないのではなく、あきらめて投げ出してしまっているだけなのです。なんだかんだと理由をつけて自分に言い訳しながら、できない、無理だと思い込んでいるのです。無理だと決めつけてはそれ以上前に進むことはありません。

このように偉そうに言っている私自身も、そんなに意志が強いわけではありませんから、あきらめてしまったことも実はたくさんあります。そうした弱さは誰にでもあると認めながら、それでもあきらめないようにがんばることが必要なのでしょう。

それを教えるのも、学校、そして大人たちの大きな役割であると思います。

自分で考えられる子ほど、濃い時間を過ごす

私の教員生活は中学高校からスタートしたので、中学1年から高校3年までの6年間の

生徒の成長を30年にわたって身近に見てきました。入学したときはまだ小学生の延長のように幼かった生徒たちですが、学校にいる時間が長くなり、部活動にも熱中し、友人関係も密になる年代に入ると、さまざまなことを吸収します。

6年間の過ごし方は、同じ学校に通っていても千差万別です。その中で、実りの多い6年間を送る生徒とそうでない生徒が出てしまうのは紛れもない事実です。

その差は「自分の頭で考えることができるかどうか」にかかっているような気がしています。言われたことだけをやっている生徒は、言われないと何をすればよいかわからないがゆえに自分から行動を起こすことがなく、結果として毎日、密度の薄い時間を過ごすことになります。恋愛にうつつを抜かしてしまう可能性もあります。

一方で、自分の頭で考えることができる生徒は、いろいろな悩みも抱えることになります。人は何のために生きるのか、将来はどのような分野で活躍したいか、そのためには今、何をすべきなのか。答えのない悩みの中で苦しむこともあるでしょう。しかし、その悩みを友人と共有したり、本を読んだり、先輩に話を聴いたりして、なんとか答えを導きだそうとします。それは、とりもなおさず、自分の幸せを自分で探す能力を身につけていることになります。

学校は、思いやりを学ぶ場

学校は、教科学習のためだけにあるのではありません。さまざまな体験を通して学ぶ場でもあります。学芸会や運動会といった行事への取り組みを通じて、協力することの大切さや役割、責任といったものの大事さを学びます。たてわり活動を通して、弱い者や小さい者に対してどうふるまったらよいのかといった思いやりの心を育みます。

クラスの中では掃除当番や学習係、日直といろいろな役を務めることで、責任を負うことの大事さを学びます。

もっとも大事なのは人間関係に関する学びです。良い仲間に巡り合い、信頼し、心を開いて打ち解け合う。自分の思いを吐き出して、他の人の思いや考えに触れる。自分以外の人間の考えを理解する。そのような営みを通して、深い考え、人間らしい感性を育てることができます。

一方、学校生活の中で自分以外の人との意見のぶつかり、感情のぶつかりがあり、悩み苦しみを経験することもあります。時には感情の爆発もあります。しかし、こうした喜びや悲しみなどを経験することで人は成長するのだと思います。

意見が合わない相手に対して、わかりあうことをあきらめてしまった瞬間に、その相手とはそのまま打ち解けることはできないかもしれません。あきらめずに、丁寧に話す、誠意をもって伝えることができる子どもは、人間関係を円滑に進めることができるでしょう。

人との距離感は、訓練して覚える

他人との距離感を最初に学ぶのも小学校です。

心理学の分野で「ヤマアラシのジレンマ」という言葉があります。寒さの中でお互いに身体を温め合おうとしても、近寄りすぎればとげが刺さり、離れれば温まらないという関係、つまり人間関係の適度な距離に関する寓話です。

実際のヤマアラシは、敵に襲われそうになったり、相手を威嚇したりする時にとげを逆立てるのであって、いつでもとげを逆立てているわけではなく、寒い時も頭頂部などを寄せ合って温め合うようですから科学的な話ではないのですが、私には印象に残る言葉です。

人間関係の距離は、大人にとっても厄介なものですが、子どもにとってはさらに大変なことです。

子ども同士は最初は大変近い関係にあります。友人を親や兄弟と同じように感じ、相手の近いところまで踏み込んでかかわりあいます。この付きあい方も、双方の精神の発達段階が同じようならば問題はないのですが、一方の精神面が次第に発達して世界が広がってくると、相手のとげを感じて少し距離をおくようになっていきます。

その時、相手がまだ幼い精神状態であると、関係が少しぎくしゃくすることになります。

そしてこれが「いじめ」といわれることにつながる場合もあります。今まで仲よくしていたのに悪口を言われたり、急に暴力をふるわれたりするようなことが起こります。それは相手との距離が変わってきたことに原因があるのです。

それではどうしたらよいのかということになります。

暴力があった場合は、強く厳しく指導することが必要ですが、そうでなければ、人間関係をつくる訓練をしているのだと考えて、新しい距離がつくられるのを待つことが大事なのです。親としても、人間関係でつらい思いをしてきたわが子に対して、少し離れたところから見守るように心がけておくと良いのではないかと思います。

学校は、たくさん失敗していいところ

大人になればわかることですが、人生の中ではよい人間関係ばかりがあるわけではありません。トラブルは誰しも避けられません。そうしたトラブルをどうにかこうにか処理し

て乗り越える力をつけ、社会生活を送るうえで必要な人間関係のあり方を、学校という小さな社会の中で学ぶのです。

学校が、実際の社会と違うのは、失敗が許される点にあります。実際の社会では、ミスすれば責任を問われます。人間関係のトラブルも簡単には修復できません。場合によっては法律で裁かれるような事態に陥ることもあります。

しかし、学校という社会は、誰しも失敗したり勘違いしたりする。そして、同じ立場だからこそ反省を受け入れ、赦《ゆる》すことができます。失敗を責めるのではなく、どうすれば良かったのか、これからどうすれば良いのか、みんなで考え解決しようと努力する、こうした過程が学校では大切なのです。

子どもは失敗するのがあたりまえ。教科の学習についても、失敗はつきものです。そしてその失敗から計り知れないほど多くのことを学ぶものなのです

「過《あやま》ちて改めざる、これを過ちという」――これは、孔子《こうし》の言葉です。過ち、すなわち失敗や間違いをしてしまったことを、反省し改めようとしなかったり、直そうとしなかったりすること、これが本当の失敗、間違いである、という意味です。

人は誰でも失敗したり、間違いを犯したりしてしまうもの。それは仕方のないことですが、中には、失敗をしたにもかかわらず、それを反省しようとしない、直そうとしない人がいます。そのような考え方や態度こそが、人としての生き方の大きな過ちなのだという教えが、この「過ちて改めざる、これを過ちという」という言葉です。

子どもたちには、失敗しても、間違ってもいいから、認める勇気を持ってほしい。そして、二度と同じ間違いや失敗をしないようにするために、どうすればいいかを探ってほしいと思います。

言い訳は自分を守る知恵？　そういうときもあります

大人であっても、やらない理由やうまくいかない原因を自分以外のものに求める傾向があります。仕事がうまくいかなかったときに、上司が悪いとか同僚が協力してくれなかったからだとか、家庭でも、忘れ物をしたのは出がけに電話がきたからとか、何か他の人や事柄が原因と考えがちです。

子どもたちも同じです。隣の子の咳《せき》が気になったから、前夜が眠れなかったから、テストが振るわなかったのだと、成績の悪かったことに正当性を与えようと言い訳を探すのです。

気持ちはよくわかります。私自身のことを振り返っても同じだったなと感じます。誰かのせいにしないと心が落ち着かないからなのですが、本当の原因は自分。本人もよくわかっているのです。でも無意識のうちに心のどこかで、うまくいかなかった自分を傷つけまいとし、自分を守ろうとしているのです。

これは人の心の弱さであると同時に、生きていくうえでの知恵なのかもしれません。誰しも強い意志を持ち、自分の責任を全部受け止めることができるわけではありません。そういう時があっても良いのです。

実は私が中学高校で担任をしていたころ、生徒指導の際に「言い訳をするな」のフレーズを使ってきました。多くは、生徒が掃除をさぼったり、委員としての仕事をやらなかったりといったクラスの一員としての責任を果たさなかった時に。

でも本当は生徒本人のほうが、「しまった、ごめんなさい」の気持ちを強く持っていたのかもしれません。それを正直に言えなくて言い訳をしたのかもしれないのです。当時は、そういった心情にまで配慮できませんでした。言い訳をすることに対して、もっと許せないような気持ちになっていたように思います。あのころ、生徒本人も実は心の奥で反省しているのかもしれないということに思いを至らせていれば、もっと上手な指導ができたのかもしれません。

親としてもこうした場面は、日常的にあることでしょう。責任を果たす、約束を守ることを教えるのは、大事なしつけです。毅然《きぜん》とした態度でのぞむべきです。

ただ、**叱りながらも「言い訳の裏側」に思いを至らせることができると違った面が見えてきます。**

子どもは、基本的に親が大好きです。そして、良いところを見せて親を喜ばせたいと思っています。怒らせたり、悲しませたくはない。場合によっては、失敗や悪いと感じたところは隠す、ほかの人のせいにする、ごまかすなどの行動をとることもあります。

子どもですから失敗があってあたりまえです。間違えますし、やってはいけないことをする時もあります。しかし、それをそのままにして済ませてしまわずに、間違いに気づいてもらわなければなりません。自分で「過ちを改める」ことができるようにしなければなりませんね。

学級活動は「協力する未来」のシミュレーション

子どもたちはやがて、社会に出ていきます。

月日の流れが驚くほど早いことは、親御さんたちも身に沁《し》みているでしょう。子どもたちが子どもでいられるのも限られた時間なのです。

学生時代と社会に出てからでは大きく異なる点があります。学生は自分一人の努力で目標を達成し、社会人は協業を通じて目標を達成する、という点です。

あまり良いたとえではないかもしれませんが、テストや受験は一人で勝ち進むゲームです。しかし、社会での仕事は人と協力しながら勝ち進むゲーム。ですからルールが異なります。社会に出た新人が学生時代のような感覚で仕事をしようとするとうまくいかないのは他者と協力して何かをすることに慣れていないからかもしれません。

他者と協力するゲームのシミュレーションとなるのが、学級活動です。クラスの中の課題を見つけて、解決していく。あるいは、クラスで何か計画を立てて、実行する。その時間は実はとても貴重なものです。

保護者の方の中には、受験に直接役立たない学級活動などはそれほど力を入れなくてもよい、と考える方がまれにいます。しかし、それでは社会に出てからがうまくいきません。学校行事、クラスの様々な活動、たてわり活動、委員会活動など、ほかの子とかかわりながら進めていかなければならないことに学生時代に慣れておく、失敗を経験しておくことが、社会に出た時に役に立つ大きな力となるのです。

「けんか」から学ぶ「譲り合い」

保育園や幼稚園はまだ本能のぶつかり合いだった子どもたちも、小学校に入学したころから「言葉」をツールにしてコミュニケーションをとることを覚えます。

すると小学生のけんかは幼児同士のものとは一変、善悪についての理解と判断ができたうえでのプライドのぶつかり合いとなります。きっかけはバカにした、とか、無視された、ということが多いように思います。

例えば、友達関係の中で意地悪されたり、けんかになったりした場合には、どちらか一方が悪いとはすぐに判断できないことがあります。トラブルに至るまでにはいろいろな事情があります。それらを明らかにし、だれもが納得できるような判断を下すことは、容易ではありません。

時間をかけて話を聞き、関係している一人ひとりの心の中に深く入り込んで対処しなければ、真の解決はありません。問題が発生したらすぐに対処することはどんな問題においても大切ですが、即決できない問題も多いという現実を認識することも大事なのです。

子どもは成長します。6歳で小学校1年生になった子どもは、6年後12歳になって中学へと旅立ちますが、その6年間で身長は30センチ以上伸び、精神的にはずいぶん自立します。親の年代の6年間とは密度がまったく違います。

だから小学生のけんかも少しずつ内容が変化してきます。

小学校では、朝、登校してきたら、まずは校庭で遊ぶという児童が大勢います。1個しかないボールを早く持ち出して毎日使っている子どもは、早く取りに行ったから自分が使えると主張するでしょう。そのボールで遊びたい別の子どもは、毎日同じ子が使うのはおかしい、順番で使うのが正しいと主張するでしょう。お互いが自分の考えを主張するだけでは平行線のままで、解決はしません。

1年生の時は、自分が使いたい、という気持ちだけを主張します。しかし、学年が上がるにつれてなんとかけんかせずに解決したいという気持ちが芽生えるようです。

解決するための方法はいくつか考えられます。どちらが正しいかを多数決で決める、順番に使えるような新しいルールを決める、先生に話して裁定してもらうなどがあるかもしれません。しかし、そうした解決方法ではなく、もっと簡単に解決できる方法に子どもたちは気がつきます。

その方法とは、お互いが相手のことを考えて「譲り合い」の気持ちを持つことです。「昨日は僕が使ったから今日は君が使っていいよ」と言えれば、特別なことをしなくても解決します。**相手を思いやることで問題が解決される**のです。

自分が正しいという思いを貫くことは、素晴らしいことだと思います。また、そのくらい強い意志を持って行動することは、社会で活躍する人物には必要で欠かせない資質です。しかし、現実の中では正しいことを押し通すだけでは、問題が解決しない場合も多いものです。お互いがリスペクトする気持ちをもち、それが譲り合いにつながれば、その先の冒険や挑戦に結びついて、それぞれの人生をより豊かで幸せなものにしてくれると考えます。

家庭においても、性急な判断は真の解決にならない場合もあると考えて対処していただきたいと思います。ゆっくり、じっくり考えて解決策を探るのです。時間がかかっても、双方がよく考えて解決しようと歩み寄った場合は、思うような落としどころにならなかったとしても、子どもの生きる力を育むことにつながっているものなのです。

分配のルールに見る成長

子どもたちの学校での様子を見ていると、しばしば「ずるいぞ」「ずるくないよ」といった子どもたちの言い合いを耳にします。

発達心理学の分野では、特に、モノを分け合ったり、役割を分担したりするような、分配に関する正義は、分配的正義（Distributive Justice）とよばれているそうです。

分配的正義についての認識は、子どもの成長とともに発達すると考えられています。小学校の低学年は、利己的欲求が強い時期なので、だれもが自分が多くとりたいと考えます。「自分のほうが体が大きいから」などといろいろな理由をつけて「利己的分配」を主張するのです。

そのうち、「絶対同じがいい」という「均等分配」を求めるようになります。理由を尋ねると、「そのほうがけんかしないから」と答えます。

中学年を過ぎると、「頑張った人に、よりたくさんあげてもいい」という、貢献度に応じた「公平分配」を望む子どもが出てきます。

高学年以上になると「必要としている人に、より多くあげてもいい」と、個々が置かれている状況や立場を考えることができるようになります。さらには、相手に多くあげる「愛他的分配」ができる子も登場してきます。

ところが、大人はこうした子どもの認識をあまり考慮せず、つい習慣的に正解を与えていないでしょうか。ひとつのモノを二人で分けるのであれば、きっちり半分にして、「もうけんかしないでね」と解決した気になります。

分配についてのやりとりが、子どもの心の成長につながっていることに、大人が気づくことができていないようです。

公正な分配を深く考えられると、ほかの面でも正しいのかどうかを考えることができるようになります。この問題を考えることは、道徳についての洞察につながります。

道徳は、社会のルールではありますが、反したからといって罰則はありません。でもそこに心の痛みを感じる。これが罰にあたるのではないでしょうか？

心の痛みを感じたら反省し、次回にはしないようにすればよいのです。この繰り返しが、道徳心を身につけること、そして心が育つことにつながります。

夢を語るとき、達成できるかなんて案じなくていい

目標があるから努力できるということは、教育に携わる私たちにも通じる大事な内容を含んでいると思います。人は目的や目標なしに努力することはできません。

高校野球を見ていても、「甲子園に出場する」「甲子園で優勝する」などの目標があるから彼らは厳しい練習に耐え、何点差になってもあきらめずに全力を尽くします。監督が目標を示し、選手たちがそれを理解し、それを達成したいと強く願うから努力できるのです。

2023年夏の大会で優勝を果たした慶應義塾高校野球部の監督である森林貴彦さんは「高校野球での優勝がゴールになってはいけない」とおっしゃっていますが、とりあえずの目標であることは間違いないでしょう。その先の大きなゴール、つまり「自分自身の人生を幸せに生きる」という目標に向かって、小さな目標を積み重ねていくことは大事です。森林監督も、「思考停止することなく、自分の人生を自分でつかみとっていける人間」になってほしいという気持ちを常に持っている教育者だと思います。

私が、中高で教え始めたころは、生徒はおっとりしていて、学校生活、特に部活動や行事を楽しんでおり、進学のために勉強を頑張る生徒は多くありませんでした。

一方で一部の教員は学校の将来に危機感を持っていました。そこで、四年制の大学にも進学できる学力をつけ、大学受験に挑戦させたいと進学校へと舵《かじ》を切りました。教科書を変更したり、習熟度別の授業を導入したり、また進学講習や勉強合宿をおこなったりなど、さまざまな試みをしました。

私たちがその中で一番大事にしたこと、それは**「夢を語る」こと**でした。

夢を語る――自分の人生に夢を描き、その実現に向かう。人として素晴らしいことです。生徒それぞれに、「君たちが持っている夢をかなえるために、選択肢の広がる進路を目指そう」と語りかけたのです。一部の生徒がそれにこたえて受験勉強に力を入れるようになりました。

そして、少しずつ結果が出るようになったのです。

そうなると、「先輩が進学したのだから自分も」と後に続く生徒が増えてきます。次第に、大学進学があたりまえという雰囲気が醸《かも》し出されてきたのです。

小学生では目的や目標を明確にすることは、なかなか困難です。まだそこまでの思考回路が育っていない児童が多いからです。

しかし、高学年になればそろそろそうした自分の将来や夢、なりたい人物像が少しずつ具体的にはっきりしてくる児童もいます。こうした児童に対しては、目的や目標を考えさせる、すなわち到達点を明らかにさせることで、今の学習にどんな意味があるかを考え、そのために何をなすべきかを明らかにしていくようにしなければならないと思います。

そこで気をつけなければいけないことは、大人が望む到達点と子どもが描いている到達点は同じではないという事実を理解しておくことです。

私たち大人は経験上、自分にできないことや無理なこと、達成するのに相当な困難があることを知ってしまっています。しかし、だからといって大人が良いと思う到達点を子どもに押しつけていいわけではないと思います。夢がすべてかなうわけではないことは、親がわざわざ言わなくても子ども自身が実際に生きていく中で、いやでも知らされることなのです。それまでは、子どもの夢に寄り添いながらアドバイスを与えていくことが良いのではないでしょうか。目標を持つことで努力ができます。良い目標が持てるような環境をつくることも私たちの役目でしょう。

目標を持ちながら、勉強する楽しさを身につける。同時に、点数がつく勉強以外の体験について、しっかりと受け止めていけば、生きる力がより身につくことになります。

新聞は「天気予報」から読む習慣をつけよう

ＰＩＳＡという言葉をお聞きになったことがあるでしょうか。ＰＩＳＡとはＯＥＣＤ（経済協力開発機構）の学習到達度調査（Programme for International Student Assessment）のことです。ＰＩＳＡでは、読解力、数学的リテラシー、科学的リテラシーさらには問題解決能力が問われます。特に読解力の問題は、正解が存在するわけではなく、理由付けが論理的かどうかが問われるというものです。

このような問題では知識を詰め込んでも正解が出るわけではありません。では、どのようにしてこのＰＩＳＡ型の学力をつければよいのでしょうか。

その答えとして、新聞を読むことをお勧めします。新聞には、様々な事柄に対して、賛成、反対の意見があふれているので、**それを読んだうえで自分ならどう考えるか、そのことがＰＩＳＡ型の学力になる**のです。

しかし、最初から喜んで新聞を読む子どもは少ないかもしれません。そこで、環境づくりから始めてみましょう。「読みなさい」という強制はもっともやってはいけないことで、余計にそっぽを向かれてしまいます。やり方は簡単です。まず親御さんが毎日必ず新聞を読むのです。子どもは親の背中を見て育ちますから、新聞を読むのがあたりまえという生活を続ければよいのです。

また、ニュースの話をさりげなくしてみましょう。それでもなかなか新聞に興味を示さないようならば、天気予報を新聞で確認する習慣をつけてみましょう。うちの息子は2歳の時に、ひらがなの「の」という文字を新聞から拾って、そのたびに喜んでいました。そこから文字が少しずつ増えて、本が好きな子になったように思います。ぜひ子どもたちに新聞を読む習慣をつけてあげてほしいと思います。

「教わる」から「学ぶ」へ。創造力が育ちます

1973年にノーベル物理学賞を受賞した江崎玲於奈《えざきれおな》博士は、人間の知性は二つに分けられると話しています。ひとつは「分別力」で、もうひとつが「創造力」です。

「分別力」は、すでに知られている知識や情報を集めて判断、選択する力のことです。聞く、読む、覚える、といった〝教わる教育〟で養われ、私たちが日常生活をしていくうえで必須の力です。

一方、「創造力」とは、まったく新しいアイデアを生み出す力のことです。疑う、考える、調べる、を基本とした〝自ら学ぶ教育〟で培われるものです。

学校で、先生の教えをよく聞き、勉強に励むという〝教わる教育〟だけでは、人間に備わっている天性は半分しか開花しません。残りの半分は、自分の頭を使って試行錯誤する〝自ら学ぶ教育〟にかかっています。

これからの時代には、この力が特に大切になると博士は考えています。半導体の発明がまさに「創造力」の賜物なのです。いくら「分別力」（知識や情報）を駆使して真空管を研究したり改良したりしても、そこから半導体という新しい技術は生まれてきません。**世界を変える新しい技術は、**既存の技術や常識、つまり**「分別力」ではなく「創造力」から生まれる**のです。江崎博士の話は、大変示唆に富んでいます。これからの教育には、「創造力」をいかに育てるのかが大事だということです。

しかし私は、従来型の「分別力」も知性の半分を占める大事な分野であることを、もう少し強調しても良いのではないかと思います。

これからの時代はクリエイティブであるべきだとの主張が強く、今までの学習を否定するような意見も散見されますが、まず知識や情報を集めて判断する力をつけ、その土台の上に「創造力」を育てることが必要なのではないのでしょうか。

〝バカヤンキー〟に学ぶ世界の名門大学での戦い方

わが家と縁のある家庭の子息が『バカヤンキーでも死ぬ気でやれば世界の名門大学で戦える。』（著：鈴木琢也《たくや》　ポプラ社）という本を出しています。彼は川崎市の出身で、洗足学園に近い場所にある公立中学、公立高校の出身者です。私は、川崎の公立中学・公立高校に知っている先生も多いので、どこの中学・高校ならどんなタイプの生徒がいるかはよく知っているほうです。彼の卒業した県立高校に勤める先生によると、赴任当初、ベテランの先生から、授業中に教室から生徒が出て行っても追いかけるな、追いかけてしまうと教室に残っていた生徒がみんないなくなる、と言われたそうです。また、黒板に板書するときに生徒に背を向けてはいけない、後ろから何が飛んでくるかわからないからとも……。冗談のようですが、想像以上の学校であったのは事実だと思います。著書の中で、彼は、家庭や家族の問題などで中学1年生からヤンキーになり警察に補導されることもたびたびだったとカミングアウトしています。当然、学校もさぼりがちだし勉強などしたこともない、学力は中学生レベルにもならない程度のままで高校を卒業します。なんとなくかっこいいからという理由でとび職に就いて働くのですが、だんだんこのままでよいのか考えます。同じような環境の中で同じように過ごし、職を得た友達たちも少しずつ変化し将来を考えるようになったことに影響されていくのです。

そして仕事を辞め、専門学校に入学して情報処理などを勉強し、ＩＴ関係の企業に就職します。そこでの仕事では充実感も得ていたようですが、さらに勉強しようと思うようになります。

きっかけは外資系の保険会社に勤めていた父親の後ろ姿でした。仕事の上でも家庭でもダメな父親だと思っていたのが、社内で優秀な成果を上げたためハワイで表彰されることになり、家族も同行することになります。そこで、いかに父親が優れた仕事をして周囲から認められているか、いかにたくさんの人から祝福されるだけの成果を上げたかを知ったことから、自分もやってみようという気になったのです。

そこからが彼のすごいところです。勉強するならより高いところでと考え、世界でトップクラスのカリフォルニア大学バークレー校を目指すことにするのです。

はたから見れば無謀な挑戦ですし、誰もがとても無理だと思うでしょうが、彼は強い意志とんでもない努力でそれを成し遂げます。

目標を定めて、その実現のために有効な手段は何かを考え、ネットで探し、積極的に実行していく、そうした過程はまるでドラマのようです。事実なのだと思うと、見事といったありきたりの言葉では形容できない感慨を抱きます。

一世を風靡《ふうび》した「ビリギャル」と同じような内容のように思われるかもしれませんが、「ビリギャル」は塾の先生の視点で書かれたものであるのに比べ、「バカヤンキー」は本人の言葉で描かれているからこそ伝わるものがあります。

彼は「地頭《じあたま》がいい」という言葉が嫌いだといいます。私もその意見に大賛成です。できる人を見て「あいつは地頭がいい」と言ってしまえば、そこで終わってしまいます。

できる人は、自分ができるようになるために、何らかの方法を見つけてうまくやっていたのでしょう。

「ぜったい無理だ」と感じたことも、まずは疑ってみて、努力を怠っていたからダメなんじゃないかと自分自身にドライブをかけ、止まらずに試行錯誤して進んだ結果が世界の名門であるバークレー校につながったといえます。

「言い訳を考えるよりも自分を振り返る」。彼の信条です。実際にバークレー校の学生の多くは地頭がいいわけではなく、人一倍努力することに秀でた人たちだということを彼は知っているのです。

なんとなく毎日の生活に流されている私にとっては、刺激のある素晴らしい本でした。彼のおとうさんも彼に刺激を受けて新しいチャレンジを始めたことが本の中に紹介されていましたが、私も何かやってみようかという気持ちにさせられました。やろうと思えばいつからでも始められる、こうした前向きな気持ちをいつも持ちたいものです。

そして、子どもたちには、あきらめずに自分自身を信じぬくこと、途中で投げ出さないことを覚えてほしいと思います。

第3章

「あたりまえの子育て」が難しい

子育ての「うまくいく」「うまくいかない」の基準とは

自分の子育ては、うまくいっている、と思っている親御さんは、どのぐらいいるでしょうか？　あなたはいかがですか？

私自身の経験も含めて、子どもというのは思い通りには動かないものだ、思うようには育たないものだ、とつくづく実感します。

朝、何度声をかけても起きない、いつまでも食べ終わらない、ずっとゲームを続けている、宿題に手をつけない、なかなかお風呂に入らない、歯もしっかり磨かない……。同じことをいったい何度言わせるのかと、お説教すると余計に反発される。おかあさんの中にはそんな嘆きをお持ちの方もいることと思います。

堪忍袋の緒が切れて怒鳴った結果、子どもは泣くという最悪の結果になることもあるでしょう。親は自己嫌悪に陥り、涙の跡が残る子どもの寝顔を見て「なぜこうなってしまったのだろう」と落ち込みます。

ここで考えていただきたいのです。そもそもうまくいっている子育てとは、いったいどんなものでしょう。その答えはお持ちですか？

おそらくは親の中で描く**〝理想的な〟子育てに向かって子どもを成長させられている実感**とでも言えるものではないでしょうか。

自分の子どもが何も持たずにこの世に誕生した瞬間から、親は「この子が幸せになりますように」と願います。私ももちろんそうでしたが、大切なわが子に幸せになってほしい、そのためにはできることはすべてやってあげたいと思うのは当然です。

では、子どもが幸せかどうかを決めるのは誰でしょう？　そもそも幸せというのはどういう状況なのでしょうか。

例えば、東大やハーバード大を出て、一流企業に勤めると幸せになれますか。あり余るお金があれば幸せになれるでしょうか。大きな家で生活をすることが幸せでしょうか。親であるあなた自身のことを考えてみましょう。あなたは今、幸せですか？

自分が幸せかどうかを決めるのは、あなた自身です。

同じように、自分が幸せかどうかを決めるのは、将来の子ども自身です。親も学校も、子どもが自立できるように手助けをする存在です。決して大人の価値観で「幸せ」の基準を押しつけるべきではありません。

「正直であること」の教え方

精神的に自立するまでの過程で子どもたちは多くのことを学び、身につけます。なかでもきちんと身につけるのが難しいのは、「正直であること」と「思いやりの心を持つこと」ではないでしょうか。

言葉にするのは簡単ですが、いずれも勇気がいることだからです。正直であるためには、ありのままの自分を認めるところから始めなければなりません。自分を大きく見せたり、できないことをできることにしたり、人のせいにしていては、正直にはなれないのです。

そして、思いやりの心を持つためには、自分のストレートな欲望を抑えなければなりません。人に対してやさしい心持ちでいるために情緒が安定していることも重要です。常に正直で、常に人に思いやりの心を持ち続け、それを実行できたら仙人のようだと言われるかもしれませんが、実際にそれほど難しいことなのです。

人はみな、弱い存在です。環境に左右され、いやなことやつらいことからは逃げたくなりますし、いつも正直で、いつも人に対して優しい気持ちになれるわけではないでしょう。しかし、そのことを意識しているかしていないかで、暮らし方は変わってきます。お天道さまが見ているということをきちんと意識して、自分に正直であることに慣れていれば、もし少し自分をごまかしてしまったり、やや意地悪な心持ちになったりすると、自分自身が一番気持ち悪くなります。その「気持ち悪さ」が大切なのです。

精神的に自立するためには、この価値観をきちんと子どもが意識することが大事です。正直でいる、人には親切にする、人がいやがることはしない、などはあたりまえのことです。大人になると、「世の中はそんなことでは生き抜いていけない」と思いがちです。けれども、たとえ建前論であったとしても、このあたりまえのことをきちんと教えていくのが、親の責任であり、小学校の責任だと私は思います。

そして、そのあたりまえを自然に身につけることができた子どもは、やさしくて堂々としている、強い人間になれます。

相手によって態度を変える必要もなく、正しいことを声高に言うわけでもなく、安定した気持ちで正しいことを進めていくのですから、弱くなる必要がありません。これこそが「生きる力」です。

「生きる力」を備えた人間は、自分を好きでいられるので、無用な争いはしなくなります。ご都合主義でものごとから逃げることもなく、自分だけの権利を無理に主張せず、理不尽なことには論理的に立ち向かっていく力を備えていく。これはやはり幸せなことです。

親の価値観が、子どもの価値観の土台になる

小学校に異動して、小学生はまだまだ家庭の影響が大きいことを実感しました。中高生も家庭環境の影響は大きいのですが、親と少しずつ距離をとるようになり、親を客観的に眺め、上手な振る舞い方も身につけます。

一方で小学生は、親の価値観をそのまま備えていると言ってよいでしょう。子どもはおかあさんが大好きですから、おかあさんが喜ぶことをしたがります。親はそこをもっと理解して、気をつけなければならないのです。

例えば、おかあさんが子どもの作った作品をいつも大事にしているのであれば、絵や作文、習字を嬉々《きき》としてプレゼントしてくれるでしょう。

おかあさんが噂好きであれば、子どもはおかあさんが喜ぶ噂話を流します。子どもなりにサービスして、やや「盛って」話すこともあるでしょう。おかあさんがうれしそうに聞いてくれるから話すのです。

おかあさんが試験の点数に敏感であれば、悪い点数をとった結果を隠すようになるか、できなかった言い訳を先に考えてしまうかもしれません。

このように価値観がつくられつつある小学生の時の母親の言動はその後のわが子の価値観にとてつもなく大きな影響をもたらすことを、ぜひ忘れないでいただきたいと思います。

毎日、子育てをしている中では、ついつい小言が多くなります。親は子どもが社会に出たときに、きちんと周りと協調してやっていけるように、しつけなければならないと強く思っているからです。

しつけはもちろん必要です。幼少期に基本的生活習慣をしっかり身につけさせることは何よりも大切だと考えます。良い習慣をつけるか悪い習慣をつけるかで、人間は全く変わってしまいますが、まさに**良い習慣をつけることがしつけであり、教育なのです**。

良い習慣とは、毎晩決まった時間に寝て、毎朝決まった時間に起きる。いただきます、ごちそうさま、ありがとうをきちんと言う。本をよく読む。遊んだものを片付ける。きれいなものをきれいだと認める。家族で同じものを見て同じ話題で話をするといったことです。これはすべてあたりまえのことばかりです。

言い換えれば、日々、淡々と同じペースで動くことができる、つまり、基本的な生活のスタイルをきちんと確立しているということでもあります。

あたりまえのことは、わかっているけれど、それを淡々とどんな状況でも続ける、習慣化するのが、大変難しいのです。

それでも、毎日、やるべきことをお互いにやってみてください。

この「お互いに」ということが大切です。一方的に子どもに負担を強いるのではなく、親子がお互いに決まり事を淡々とこなすのです。子どもに宿題をやらせるのであれば、おかあさんはごはんを作る、子どもが部屋を片付けるときにリビングの掃除をする、というように。

言うのは簡単ですが「決まり事をこなす」というのは、生活する中で最も難題です。時間を管理して、規則正しい生活をさせるのは、親として当然ですが、現代はおかあさんも仕事をもつ時代ですから、おかあさん自身がいつも規則的な生活ができるとは限りません。毎日綱渡りのような時間との闘いの中で、子育てをしていらっしゃる方もたくさんいるでしょう。

しかし、そんな中でも良い生活習慣を身につけるべく、努力している親御さんはたくさんいることも、また事実です。幼少期から良い習慣をつけてもらっている子どもは、小学校生活を楽に送ることができます。ごはんを作るのが面倒になった時に、気軽にファミレスに行き、子どもは待つ間にゲーム、親はずっとスマホの画面に釘付け……というのは率直に言って良い習慣とは言えません。

良い習慣がついていると、毎朝起きるのが苦にならないので、機嫌よくいられます。きちんと挨拶ができるので、コミュニケーションがスムーズになります。片付ける習慣がついているので、ものをなくさなくなります。

このような良い習慣をつけるには、大人の姿勢が大事ということをわかっていただけるでしょうか。日々の大人の「暮らしぶり」が、そのまま子どもの生き方のモデルなのだということです。

「幸せ」を感じにくい子は、しつけが行き届いていない？

しつけとは、人としての〝根を養う〟ことだと思います。植物でも、根を養えば木は自ら育ちます。人でも同じだということです。根がしっかり育つことで徳性が身につき、知識や技能という枝葉が育っていくのです。

とはいっても、目先の楽しみから目をそらして、やりたくないことをやらなければならないのは、子どもなりにエネルギーが必要です。子どもは楽なほうに流れるものです。だから親御さんは、日々、口をすっぱくして同じことを言い続けなければならないのです。「とても言い切れない」としつけを放棄してしまうのは、一見、楽かもしれません。うるさいことを言わない親を、子どもは歓迎するでしょう。親のほうも「子どもの自主性を重んじる」とか「うちの子は個性的」という言葉でまとめてしまえば、その場の無用な争いを避けられます。

子どもだって叱られるのは苦痛ですから、叱られないで済むのであればそのほうがご機嫌でいられます。

しかし、しつけの行き届いていない子どもは、小学校という社会はなんて不自由な環境なのだろうと、家に帰りたくなるかもしれません。前日に夜更かしをしているので、眠いし、集中力もありません。気が向いたときだけ勉強をするのはいいけれど、気分が乗らなければ、自由にさせてくれない学校がいやになってしまいます。順番を守って遊ぶことも苦手です。

それは子どもにとって、果たして幸せなことでしょうか？　しつけが行き届いていればとても楽しい場所であるはずの学校が、しつけが行き届いていないばかりに居心地の悪い場所になってしまうのです。

小学生であればまだ取り返しはつきます。しかし思春期に入る中学生となると、夜更かしもひどくなり、朝起きるのはますます困難になります。

また、何かと注意してくる教師をうざいと感じたり、周りの友人たちとうまくコミュニケーションがとれなかったり、ということが続くうちに、自分の殻に閉じこもるしかなくなってしまいます。

一見、「自分の世界をもっている」という言葉にすると、個性的な人生を歩んでいるようになりますが、どんどん世界を狭くするしか居場所がなくなっているのです。

もちろん、ある一定数の天才たちが、幼少期に個性的な日々を送っていたという伝説的エピソードもあります。しかし、それは決してしつけを怠った結果ではありません。しつけはしつけとして、きちんと身につけたうえでの個性だということです。

「不思議体験」と「わかる体験」がモチベーションを高める

藤井聡太《そうた》棋士が快進撃を続けています。プロ棋士であればどなたも皆、天才ですが、その並み居る天才たちの中で連勝を重ねることは奇跡的と言える強さです。

もちろん、運だけで勝てるような甘い世界ではありませんから、藤井さんには並外れた才能と日ごろの努力があるのだと思います。

彼が小さいころに使っていたスイスの知育玩具に予約が殺到したこともありました。どんな家庭に育ったのだろうか、ご両親はどんな方なのだろうかと興味を持ってしまいますが、おそらく愛情深く、したいことをさせるご両親なのだろうと推測されます。

一流の人間が育つ家庭環境とは、どんなものでしょうか？

すぐに思い浮かぶのは、**子どもの主体性を育む家庭**であるということでしょう。

子どもが「親に無理やりやらされている」と思っているうちは、何をやっても主体的に取り組まないもので、子どもを丸ごと信じ、決定権を認めていくことが、子ども自身の価値観を育む上で重要です。

ただし、「放任」と「放置」は違います。放っておいて、なんのアドバイスもせずに子どもにすべてを決めさせるわけにはいきません。

次に、自分で**自分の進むべき道を見つけていける子どもを育む環境**だということです。視野を広げるため、旅行に行ったり、ピクニックをしたり、非日常にも触れる機会を増やし、話す内容の幅を広げるといった努力を続けることは大切です。

この世にはまだまだ楽しいことがあるという可能性を知らせるためです。同時にやり抜く力、あきらめない力を育むことになりますが、それには失敗に寛容で、愛情に満ちたおおらかな家庭環境が一番大事であると思います。

そして、忘れてはならないことは学習です。

一流になる人材が育つには、やはり学習は欠かせません。学習には主体性や自主性が大事なことはもちろんですが、自主性に任せても、逆に強制しても、多くの子どもは勉強するようにはなりません。

ならばいったいどのようにすればよいのでしょうか。それは、モチベーションと習慣・環境が大切なのです。

モチベーションを高めるには、学ぶ楽しさを教えることが重要なポイントです。幼少期から家庭で、子どもが不思議がるような経験をさせたり、疑問が解ける喜び、理解する喜びを体験させたりします。また、競争心も大切な動機になります。周りの人も頑張っているという環境要素が大きな影響力を持つのです。

家庭では勉強する習慣を、朝起きたら顔を洗うような生活リズムに組み入れましょう。丁寧に実践することで自分から勉強するようになるはずです。

一方で、人間性を高める「勉強以外の勉強」の重要性は計り知れません。人間性を高めることは、仕事を進めるうえで大事ですし、人生の幸福度も高まります。

「しつけ」を基本として「生きる力」の土台を作る。そこから一流の人間が育つわけです。しつけには、親の姿勢や考え方が映し出されますし、親の日ごろの言動が影響を与えることは間違いありません。

正しいことは小声でよいのです

親が子どもと接するうえで気をつけなければいけないのは、正しいことは大きな声で注意をしないということ。「正論であればあるほどゆっくりと落ち着いて伝える」ことが大事です。正しいことなのですから大声で威圧する必要はありませんし、強く言う必要もないのです。このことを勘違いすると、**正しいことでも相手の心に届きません**。言い方や態度に反発して素直になれず、内容も納得できなくなることはよくあるものです。正しいことほど穏やかに話しましょう。

子どもの教育は勝ち負けではありませんから、子どもと論争して打ち負かす必要はありません。言うことを聞かせようとすると、ついつい、理屈の応酬となり、相手を言い負かす、または言い負かされるという、まるで勝負のような状況ができあがってしまいます。このような相手の弱点を突くようなやり方は、子どもを相手とする教育の現場では考えものです。子どもは弱点だらけです。論破しようと思えば簡単に勝てるでしょう。子どもの正しい成長を導くためには、気持ちに寄り添うことです。

子育てに勝つも負けるもないのです。

親のほうが勝ち負けの目線で考えるのは、もってのほかです。

「昔はこうだった」、子どもにとっては苦痛なだけ

家庭でも、だんだん子どもが成長してくると、理屈で納得しない場面が出てきます。その際に、勝ち負けの意識で子どもとやり合ってしまうと、大事なことが伝わらないだけでなく、その都度、子どもの心に傷を残してしまうかもしれません。ご家庭では意識して先を見通した大きな考えで子どもに向かい合いましょう。親が子どものことを真剣に考えて話していることが伝われば、こうした問題が勝ち負けで解決されるものではないのだと子どもにも理解されると思います。

子どもが理屈を並べるからといって、理屈の応酬になって、ヒステリックに子どもを言い負かそうとする必要はありません。感情的になるのではなくぐっとこらえて、子どもの言葉をひとつずつ紐解《ひもと》いていき、子どもが心から納得するように話してみましょう。

言葉の攻撃、相手を言い負かす、という手法は今日から捨てて、正論であればあるほど、

穏やかに話すことを心がけてほしいと思います。

ここではっきり自覚してほしいのは、親子関係は対等ではないということです。圧倒的に親のほうが立場は強いのです。ですから、立場の強い親が、お子さんの話をよく聞き、親として譲れるところと譲れないところを明確にして対応するしかないのです。

子どもの側に立てば、親から理詰めで言われると反論できません。しかし、子どもの心はすっきりしないでしょう。もやもやした不満はどんどんたまっていくかもしれません。その不満は、なにかの拍子に爆発する導火線となってしまう可能性があります。

また、内容は大したことではないのに、**言い方や言葉の使い方でも子どもは親から支配されていると感じます**。支配されたくない、服従したくないという感情が先に立ち上がってきて、しなければならないことかどうか、どちらがよいのか悪いのかの判断が後になってしまうのです。

親が子どもを思い通りに支配しようとし、子どもは自分を守るために抵抗する。こうなるとお互いの不満がぶつかり合い、親子関係にも影響を及ぼします。

自分が子どものころにはそんなことはしなかった、親の言うことは素直に聞いたものだ、勉強するのがあたりまえだったなどと過去の自分自身と比べて子どもに注意してしまうことはありませんか。**過去の自分とわが子を比べることにプラスの価値はありません**。それどころか害があると言ってもいいかもしれません。それは子どもの気持ちになってみればわかることです。子どもにとって親が子どもだったころのことなど、想像もつかないものですから、それと比べられることは苦痛でしかありません。

自発的に動きたくなる設定とは

子どもに、本を読ませたり、お手伝いをさせたり、勉強に向かわせたいと思うなら、子どもが自発的に動きたくなる環境をさりげなく作っておくような工夫があるとよいと思います。

たとえば、おかあさんが、お子さんが普段やっているドリルをダイニングルームで解いてみる。「難しい」と頭を抱える。そんなおかあさんを見て、お子さんはどんな反応をするでしょうか？

もしお子さんが教えてくれたりしたら、さすが！　と反応して、おやつの時間にするとコミュニケーションも生まれます。

夕食を作りながらお皿を食卓に運ぶときに、新しいかやぶきんにまだ糊《のり》がついているから、洗ってみて？　というメッセージを出してみる。糊がついているときは、硬かったのに、洗うと柔らかくなることを知って、お子さんはこれがお手伝いだと思うでしょうか。それだけで十分ですが、さらにそのふきんでテーブルを拭いてくれたら、ありがとう！と一口できたてのおかずをつまみ食いさせる。これはご褒美で釣ることとは違います。さり気なく勉強やお手伝いに向かわせるような工夫です。

実際には大変難しいことで、それができれば苦労しないよという声が聞こえてきそうですが、これは押しつけではない創造的な親子のコミュニケーションと言えると思います。そんな工夫を粘り強くあきらめずに考え続けていけば、それぞれの家庭なりのやり方が生まれることでしょう。

親の否定語に子どもは傷ついている

子どもに対して否定語を使わないということも、心に留めてほしいと思います。否定語とは「悪い子」「ダメな子ども」「どうせできないだろう」「やるだけ無駄」「もうやめてしまえ」など子どもを否定するような言葉がけです。

たとえば、「絵が下手だ」と親に言われた子どもは、「自分は絵が苦手で、下手な絵しか描けない」と思い込み、大人になっても苦手意識を持ってしまいます。

ましてや「バカで、頭が悪い」などと言われたら、自分はできない子だと思い込んでしまいます。親としては、励ますつもりだったり、カツを入れるつもりだったりするのですが、子どもには、親からダメ出しされたことだけが残るのです。子どもたちもその場では気にしていないそぶりを見せたり、反発したりしますが、内面では傷ついているのです。

自分はダメな子なのだ、親から良く思われていないのだ、何もしないほうが良いのだ、と自分を否定的にとらえてしまい、自信を失います。自信を失っては良い方向に進んでいくことはできません。

逆に、ほめられて認められた子どもは、これでよいのだと自信を持って自分を肯定的にとらえることができ、よい方向へ向上していきます。現実の中ではなかなか実践することは難しいのですが、カッとしたときに一つ間をおいて冷静になり、否定的な言い方をしないように気をつけて次の言葉を探せると、今までとは違った対応ができるのではないかと思います。

スウェーデンの中学校の教科書『あなた自身の社会』に収録された、アメリカの家庭教育学者ドロシー・ロー・ノルトによる「子ども」という詩は、心に留めておきたいものです。ここに紹介させていただきます。

批判ばかりされた　子どもは　非難することを　おぼえる
殴られて大きくなった　子どもは　力にたよることを　おぼえる
笑いものにされた　子どもは　ものを言わずにいることを　おぼえる

皮肉にさらされた　子どもは　鈍い良心の　もちぬしとなる
しかし、
激励をうけた　子どもは　自信を　おぼえる
寛容にであった　子どもは　忍耐を　おぼえる
賞賛をうけた　子どもは　評価することを　おぼえる
フェアプレーを経験した　子どもは　公正を　おぼえる
友情を知る　子どもは　親切を　おぼえる
安心を経験した　子どもは　信頼を　おぼえる
可愛がられ　抱きしめられた　子どもは
世界中の愛情を　感じとることを　おぼえる

（『あなた自身の社会——スウェーデンの中学教科書』アーネ・リンド
クウィスト＆ヤン・ウェステル、川上邦夫訳／新評論　１９９７年）

素晴らしい詩です。子どもにどんなふうに育ってほしいかを考えながら、何度も何度も読み返してください。

スマホ、ゲーム、テレビ……ルールは「守れる」ものにする

子どもの教育やしつけで悩んだり、迷ったりすると、ほかの家庭のやり方や本に書かれていることを参考にしたくなる場合があるかもしれません。誰もが自分の家庭の考え方ややり方に絶対の自信を持っているわけではありませんから、隣の芝生が気になるのがむしろ自然でしょう。

しかし、ほかの家庭のやり方や本に書かれていることをそのままやってもうまくはいかないように思います。家庭によって、考え方が違うのは当然だからです。

例えば、夕食を何時ごろ食べて、何時ごろ就寝するか、子ども部屋をいつ与えるか、テレビを一日にどのぐらい見せるか、ひっきりなしに発売されるゲームソフトをどのようなタイミングで与えるか、スマホをいつ持たせるか、といったことは、家庭によって考えが異なることだと思います。

そんな悩みについては、自分の家庭の根本的な考え方に立ち返って判断することが大事

です。「うちのパパがそういうから……」と週末しかゲームをやらせないのを父親のせいにして、父親が不在のときは平日でもゲームに興じることに母親が目をつぶるのであれば、そんなルールは最初から作ってはいけません。まるで父親の目をごまかす術《すべ》を教えていることになってしまうからです。

家の中でルールを作る場合は、子どもが無理なく守れるルールにしておくべきでしょう。そして、**ルールを守る子どもをうんとほめてあげてください**。やがて誰も見ていなくても、自分で自分を律することができるようになるでしょう。何かルールを変えたい場合は、きちんと家族で話し合う習慣をつけておくことが大切です。

迷ったら、大事にしたいことはなにか、に立ち返る

一番よくないのは親が、何も考えようとしないことです。行き当たりばったりで、「宿

題しなさい」と言ってみたり、散らかっていることを急に指摘したりするのもよくありません。毎日淡々とやることが大切なのですから、毎日言い続けなければならないのです。

例えば4年生の息子からスマホをねだられたAさん。「何でも言うことを聞くから」「勉強しっかりやるから」と言われ「先に宿題をすませる」などのルールを決めたうえで買い与えました。最初のうちは素直に守り、勉強にも真面目に取り組んでいましたが、次第に夜遅くまで勉強をしているふりでスマホをいじるようになりました。注意すると、ベッドにまで持ち込んでメールやＬＩＮＥをする始末でした。叱っても、取り上げると脅しても、その場限りになってしまいます。

しかし実は、母親のAさんが子ども以上にスマホに依存しており、片時も手放さない生活を送っていたのです。そんなおかあさんから、約束事を守れないなら取り上げると脅されても、説得力がありません。この家では家族のルールになっていないのです。ゲームやスマホのルールを決めたら例外を作らないこと。そして親が手本を示すことが大切です。

教育やしつけで困ったり悩んだりしたとき、両親が話し合うことなく、誰かの意見を聞くたびに、そのまま自分の子どもにあてはめて対処しようとするのは、賢い親のやることではありません。

親が真剣に悩む努力をせず、困難に立ち向かうことなく逃げてしまって、自分で判断せずに、なし崩しに事を済ませてしまうと、また同じような困難に当たったときに、同じように悩むハメになります。それでは親も子も成長は見込めません。

迷ったらそれぞれの家庭が大事にしている根本に立ち返る。まずは両親が話し合う。先生に相談するのはよいですが、その場合にも、自分たちはこう思うのだが、ということをあらかじめよくまとめてから相談するとよいと思います。

これを忘れなければ多少の紆余《うよ》曲折《きょくせつ》はあるとしても、自然に問題は解決に向かうのではないでしょうか。

子どもに気づかせることで、一段階成長します

先ほどのAさんには後日談があります。おかあさんは心を入れ替えて、スマホに依存する生活を見直しました。一方、息子のM君は新しいゲームソフトを買ってもらった日、すぐに友だちにメールやＬＩＮＥをしたのですが、すぐに返事が返ってこないことに腹を立てています。

そこでおかあさんはM君にこう話しました。「あなたのメールで、友だちは、今しようとしていることができなくなるのよ。がんばろうとしている友だちの勉強時間、人生の貴重な時間を奪うことになるのよ」と。その言葉にM君は、少しハッとした表情になったそうです。

家の中というのは特別な場所であり、愛情で結ばれた関係があり、気を許すことができる空間だと思います。そうした中で、家族が自分の分身のように思えてくることがあるかもしれません。

楽しい、うれしいことがあれば、自分のことのようにうれしいですし、家族が褒められれば自分も誇らしく感じる。家族が悲しいときには自分も悲しく感じるものです。家族として過ごしていくうえで、感情や考えの波長が自然にシンクロしてくるのかもしれません。時には家族の誰かが何か失敗やミスをしでかしてしまったときに、自分が失敗してしまったかのように感じることがあります。人は自分の失敗を許せないときがあります。失敗を後悔し、自分を責めます。それと同じように、家族、特に子どもの失敗や失言、間違った行動などを強く責めてしまう。子どもを自分の分身のように思い、子どものしたことを自分事に感じてしまうからかもしれません。

しかし、家族は自分そのものではありません。それぞれ別の人格なのです。子どもであってもその人格を尊重したうえで、何がいけなかったのかを、一緒に振り返り、考えることが大事です。そして一緒に振り返って考える中で、他者を尊重しなければ社会は成り立たないことを伝えていってほしいと思います。時々立ち止まり、振り返ってみることは、人の成長の上で欠かせないことなのです。

親が子どもの言動に対し、表面的に対応するだけでは、こうした気づきは得られないように思います。まして、子どもの味方にならなければならないと考え、どのような言動も子どもの言い分をそのまま受けとり、当該の相手や他者に主張するようでは、子どもの正しい成長は望めません。

例えば、子どもが喧嘩をして相手を叩いてしまったとします。その子にはそれなりの理由もあります。いやなことを言われた、普段から意地悪されるなどです。

しかし、たとえそうであっても手を出すことはよくないことですし、自分も普段、その相手に同じようなことをしているかもしれないなど、反省すべき点があるかもしれないということを理解させなければなりません。親としては子どもの言い分そのままに相手を非難するのではなく、我が子に対し、感情的にならず、したことやそのとき思ったことを一つひとつ確認しながら、反省すべき点はなかったかを考えさせることが大事になります。子ども自身が自分にいけない点があったと気づくことができれば、子どもは一段階成長できるのです。

子ども自身が、間違いや失敗に気づくことができるようになり、どうすべきだったのか、これからどうしなければならないのかを判断できるようになることが、教育の大事な役割です。そこでは特に家庭の力が求められると思います。

理由のない行動もあることを忘れない

子どもたちは、時にわざと他人に迷惑をかけるような悪さをしてしまう場合があることも忘れてはいけません。道路で石を投げたり、公園に穴を掘ったり、樹木の枝を折ったりするようないたずらをします。家庭でもテーブルに落書きをしたり、わざと障子《しょうじ》を破ったり、親のパソコンやカメラをいじって壊してしまうなどのこともあります。

こうした悪さをした場合に、当然ながら親としては子を叱ります。その際に、なぜそんなことをしたのか、どんな考えからの行動かと、問い詰める姿勢になってしまうケースが多いと思います。

子どもは答えなかったり、はっきりしない言葉しか返ってこなかったりします。子どもたちは、いつもしっかりした考えがあって行動しているわけではありません。自分の言動の理由を追及されても、なぜなのか自分でもわからずその場の思いつきや感情、一緒にいた友達の言葉などに振り回されて答えていることが多いのです。

そういう状況で親や大人から追及されると、黙ってしまうしかありません。または何か答えなければいけないと考え、相手が求めているであろう答えや他の子どもが言った答えをそのまま言ってしまうこともあります。

私たち大人は、ついどうしてそんなことをしたのか、理由を知りたがります。理屈にならないことはおかしい、納得できる答えがほしいと、論理的な整合性を求めるのです。それは大人の側がすっきりしたいという勝手な願望であり、子どものためになるものではありません。

つまらないいたずらを重ねる原因は別のところにある可能性もあります。学校や友達関係のストレスがあったり、親の愛情に飢えていたりすることが問題の背景にある場合が多いのです。ですから、理由を本人にしつこく尋ねるよりも、子どもの立場で想像してあげることが大事です。そこから子どもの内面を探り、もっと根本の問題がないかどうかを確認するのです。子育てにはこうした視点も必要ではないかと思います。

「今」をほめる。足し算をするようにほめる

しつけ、というと、叱ることのように思いがちですが、叱るよりももっと大事な行為が「ほめること」です。

親の理想を１００点として、子どもの結果に対して減点法で見るのではなく、今できていることに目を向けてそれを認める。**理想からの引き算ではなく、現状からの足し算で子どもを見ることが大切**なのだと思います。「できたできない」という結果に目を向けるのではなく、そこに至る経過こそ、考えるべきなのです。

もちろん、ただほめればよいわけではありません。努力もしていないのに、ほめたのでは、これでよいと満足してしまい、向上しなくなります。その子がその子なりに頑張ったことを認めて、足し算していくようにほめることがその子のためになるのです。

みなさんもご家庭でお子さんを前にして悩む場面があるのではないかと思います。どの

ようにほめるのがよいのか、どんな言葉がよいのか、実際は難しいものです。ポイントは前にはできなかったことができるようになったり、前には気がついていなかったことに気づけたり、よいこだわりを発揮したりするところを見逃さないこと。その**変化のあった部分をほめる**のです。

ミスや失敗を指摘する場合でも、まずはよいところをほめた後に「もったいないことに……」と指摘したいポイントを伝えます。すると相手の受け取り方が変わってきます。ズバリとミスや失敗を指摘されると、その通りだと思っても素直には受け入れられないものです。しかし、まず良い点をほめられてからならば、ある程度は素直に指摘を受け入れることができます。これは、子育ての一つの工夫です。

「ほめて育てる」は、叱るよりもほめたほうが相手をやる気にさせる（動機づけを高める）ことができるということです。ほめ方ひとつで人は変わります。

「叱られる」「怒られる」経験からの成長はない

ほめて育てたいのに叱ってしまう。そしてだんだん止まらなくなる。この悩みはだれしも経験することではないでしょうか。

ある臨床心理士によると、人が学んだり、成長したりするという点では、叱られることによる効果はほとんどないそうです。よく、感情的な「怒る」と論理的な「叱る」は違うと言われますが、受ける側にとっては同じことです。

叱ることの最大の問題は、叱ることがやめられなくなる、すなわち依存してしまうこと。相手が謝っているのにやめない、次々に叱るネタを探すようになる、暴力にも訴えるようになる、叱ることがやめられなくなった延長線上に、虐待やＤＶがあります。

「自分の子どもが自分の言葉に従っている」「子どもを支配できている」というやや歪んだ自己効力感や「悪いことをした人を罰したい」という処罰感情が心理的に「快」となるため、依存性が生じてもあたりまえなのかもしれません。

叱ることで何らかの生きづらさを癒そうとしているのなら、だれしも依存する可能性があるといえるのです。気をつけたいものですね。

だからといって「一切、叱ってはいけない」わけではありません。叱ることの効果と限界を自覚することが必要です。

子どもにとって叱られることとは、苦痛な時間以外の何ものでもありません。宿題をしないことを叱られたとすると、「この状況から早く逃げ出すには、早く宿題をしたほうが得かも」と、とりあえずやって見せているだけかもしれない。ですから、親は叱ったことで、子どもは理解した、学んでくれたと安心したとしても、実は何かを学んでいるわけではなく、その場しのぎで対処しているだけ、というケースもあるでしょう。

叱られながらやった勉強はなぜかまったく身につきません。これは脳神経学的な知見からも証明されています。脳の扁桃体《へんとうたい》で緊張や不快を感じると海馬で失敗例がよみがえり他のことを考えられなくなります。そのため冷や汗が出たり頭が真っ白になったりするのです。逆に、扁桃体が快、つまり、面白い、楽しいという感覚を感じると、海馬が活性化し、情報を記憶貯蔵庫にどんどん蓄えることができるのです。

叱られることで、人は学ばない。ぜひ肝に銘じてください。叱ることを手放せるかもしれません。

子どもが話すまで待つ。そして一生懸命に聴く

言葉というものは大変大事です。言うまでもないですが、言葉によって感動し、心を揺さぶられます。言葉によって大きな喜びを感じたり、夢や希望を持てたり、強い意志を持つことができたりします。

しかし一方で、言葉は人を傷つけ、悲しませたり絶望させたりすることもあります。教育の現場で、子どもたちに言葉をかける場面が多くありますので、私たちも心しておかなければならないと思います。また、親子という間柄であっても気にしておかなければならないことはあるはずです。大きな喜びを感じさせ、傷つけない言葉を使いたいものです。

日本の社会には、言葉にしなくても以心伝心で気持ちや考えていることは伝わるという傾向があります。これは日本人の美徳なのでしょう。しかし、グローバル化の進むこれからの社会にあっては通用しないかもしれません。人の思いは、やはり言葉にしないと伝えられません。

子育てにおいても同じことが言えます。わざわざ言わなくても子どもは親の考えを理解しているだろう、わかるはずだと考えるのではなく、きちんと言葉で説明することが大切です。

同時に、言葉では伝えきれないものも、この世にはたくさん存在します。子育てでも同じです。大きな失敗、挫折、悲しい出来事など、受け止めることが大変な事態に子どもが直面してしまった場合には、言葉では説明できない思いや考えに子どもの心は支配されてしまいます。そんな時にどんな気持ちなのか説明しろ、次はどうしなければいけないのか話してみろなどと言っても、子どもには答えられません。その気持ちを想像したり共感したりすることこそが、親や周囲の大人の役目なのです。

もし、子どもの様子がいつもと違うようなら、「何かあった?」と尋ねましょう。ちゃんと気づいているよというサインを出すのです。言いたくない様子を見せたら、無理に言わせようとせずに、言いたくなるまで待ってください。

心の中がモヤモヤしていて、言葉にならないことは大人にだってあります。ましてやまだ言語能力が発達しきっていない小学生ですから、うまく自分の気持ちを言語化する自信がなければ言葉にできないかもしれません。

話し始めてくれたら、途中で口を挟まずに、一生懸命聴いてください。途中で「それはあなたが悪いでしょう」とか「それはおかしい」などと言ってしまうと、子どもはそこから話す気を失ってしまいます。とにかく子どもの話をじっくり聴きましょう。この時間の目的は、お子さんのモヤモヤについて、おかあさんはちゃんと気づいている、そして話を真剣に聴いている、というメッセージを送ることにあります。「この件に関してはおかあさんに信頼されているな」という確信を子どもにもってもらうのです。信頼関係がきちんと構築できたら、子どもは初めて、自分がしたことも含めて覚えていることを話します。信頼関係がきちんとできる前は、「怒られないように」「親が気に入りそうなことだけ」を選んで話しているはずです。

学校であれば、教員は双方から同じように話を聴くことになります。子どもは、教員は自分だけの味方ではなく、相手と自分と公平に扱っていることを理解しながら話すでしょう。けれども家庭では、親は自分だけの味方です。

親が自分の絶対的な味方だということを確信した子どもは、ようやく本当に思っていることを打ち明けてくれるのです。子どものタイプによってはかなりの時間がかかるかもしれません。ことによっては何日もかかるでしょう。

その間、その問題が雲散霧消《うんさんむしょう》しているようであれば、そこでもう触るのはやめましょう。

子どもなりに、なんとか自分の力で乗り越えたのだと喜んでください。まだ引きずっているのであれば、子どもの方からSOSを出すはずです。その時は、どうすれば解決できるのか、一緒に考えてあげましょう。

その際、くれぐれも「おかあさんが相手の子に言ってあげる！」などの言動は慎んでください。間に立つのは、教員です。おかあさんが直接乗り込んでも、いい結果は生まれません。もちろんけがをさせたとか、明らかなルール違反の件であれば、何日も引きずらずにその場で解決すべきですが、人間関係の行き違いに起因していることであれば、静観しながら解決策を子どもと一緒に考える。子どもも、そして親も成長するきっかけになります。

自分のつらい思いを汲み取ってもらえた経験のある子どもは、他者に対してやさしい気持ちを持つことができるようになります。

習い事は「好き」「楽しい」を見つけるためにある

教育熱心な親御さんは、子どもにたくさんの習い事をさせる傾向があります。かわいい我が子はどんなことに向いているのだろうか、音楽なのか、美術なのか、スポーツなのか、科学なのか、まったくわからないので、その可能性を探るためにチャンスの扉を開けておこうという親心でしょう。3歳までの間に、親は「うちの子は天才かも」という淡い期待を一度は抱くものです。

しかし、3〜5歳の子ども9千名の調査からわかったことは、少しショックな結果です。体操やバレエ、ダンスなどの教室に通っている子ども、そして、体操の時間を設けている幼稚園、保育園に通園している子どもの運動能力が有意に低く、運動嫌いの子どもも有意に多い、ということが判明したのだそうです。

いったいなぜなのでしょうか。理由のひとつは、特定の部位を動かしたり、同じ運動を繰り返すからといって全身の運動能力が高まるわけではないということです。そして、説明を聞いている時間が長くて動き回る時間が少なかったり、動き方を指定されて自由に動けないと、つらい。しかも、5歳半を過ぎたころから自分ができないと嫌になる、ということだそうです。

親からしてみれば、活発に運動してほしいから体操などの習い事に通わせるのに、強制や押しつけは運動嫌いをつくってしまうということですから、怖いですね。

では、運動嫌いにしないためには、どうすればいいのでしょう。それは、自由遊び、好きな遊びの中で、運動遊びが楽しくなるようにするということに尽きるそうです。

からだを動かすのが苦手な子どもに対しては、運動遊びの楽しさを知ってもらう環境を整えることが重要なのです。
もちろん、本人が好きになればどんどん自分からやるようになり、運動能力も向上していきます。だから、将来の可能性を探るのであれば、まずは運動を好きにさせることに親としては力を注ぐべきでしょう。

これは、子育てのすべてに共通して言えることです。その筆頭が学習、つまり勉強です。強制や押しつけで、勉強好きな人間ができるわけがありません。新しいことを知る楽しさ、問題を解く楽しさを伝えるようにすることが大事です。学習意欲を育てるときこそ「ほめる」「励ます」を実行していただきたいものです。

また、幼児期に語彙《ごい》が豊かで手先の器用な子どもほど、小学校1年生での国語の成績が高くなる、という結果も出ているそうです。そして、語彙能力の高い子どもは「共有型しつけ」を受けている子が多く、逆に語彙能力の低い子どもは「強制的しつけ」を受けている場合が多いことも判明しています。

強制的しつけとは、「子どもをしつけるのは親の役目、悪いことをしたら罰を与えるのは当然。力ずくの指導を多用する」という考え方で、子どもを言いつけどおりに従わせたり、何度でも事細かに言い聞かせたりするようなしつけの仕方です。子どもにしっかりしてほしくて、強い調子で叱ってしまうことは、だれでもありますが、子どもに考える余地を与えず、指示的・トップダウン的介入がおこなわれ、情緒的なサポートが少なくなりがちです。そのため、子どもは主体的な探索をしなくなり、他律的な行動、すなわち親の指示を待ち、親の顔色をうかがうような行動が多くなります。これでは子どもの語彙力が上がるわけはありません。

一方の共有型しつけとは、「親子の触れ合いを大切にし、子どもと楽しい経験を共有する」という考え方です。親子で一緒に楽しい時間を過ごしたり、子どもにたびたび話しかけたりすることを心がけるようなしつけの仕方です。こうすることで、子どもに考える余地を与え、援助的なサポートをおこない、子どもに合わせて柔軟に調整するようにしますので、子どもは主体的に探索したり自律的に考えたりするようになり、自然と語彙力も向上するのです。

多くの家庭は、強制的しつけと共有型しつけ両方で子どもに接していて、極端な形でしつけているというわけではないと思いますが、親が時間に追われたり、いらいらしたりする際は、つい強制的になってしまいがちです。

このようなしつけのスタイルは、親が意識すればコントロールできるはずです。親の意識次第で子どもの力を伸ばすことができるのです。

「なぜ勉強するの？」への答えは

6歳までは伸び伸びと育てられていたお子さんが、小学校に入ったとたんに萎縮してしまうことがあります。たいていは親御さんが、点数至上主義である場合が多いようです。テストの結果だけを見た親はがっかりして、思わず顔に出してしまいます。子どもは、親をがっかりさせたことで悲しい気持ちになるので、悪い成績をとったときは、内緒にしようと考えます。

子どもにそんな気を遣わせてはいけません。よい成績をとろうと、たまたま点数が悪かろうと、あなたのことが大好き、という気持ちをいつも忘れないでください。

親のほうは、わが子がよくない成績表を持ち帰ると、この子には才能がないのか、それとも素質が悪いのかと悩んでしまうかもしれません。

覚えておいていただきたいことは、学力は才能や素質ではないということです。

人間が本来備えている知能に大きな差はないと言われます。だれでも努力し、やり方を工夫すれば学力はつきます。つまり、学力のあるなしは、やったかやらないかの差なのです。誰でもきちんと時間をとって勉強すれば学力はつきますし、勉強しなければ学力はつきません。もちろん要領の善し悪しや性格による違いはあります。短時間で勉強ができ、学習内容が記憶によく残るタイプと、時間がかかり記憶に残りにくいタイプとがあるのは確かです。

しかし、前者のタイプの子も、だんだんと内容が複雑になるとそれまでのように短時間で理解できるというわけにはいかなくなります。中学・高校・大学と高度な内容を学習するようになれば、だれでも時間をかけて積み重ねる勉強が必要なのです。

多くの子どもにとっては、ゲームやマンガ、テレビのほうが面白いですし、勉強はつまらないこともあるし、やらなければ成績が下がり、余計につまらなくなるという悪循環にも陥ります。子どもたちも「なぜ勉強するの？」と疑問をぶつけてくるようになります。

なぜ勉強するのか。それはたくさんの知識を身につけて、困ったことに出会ったときに、どうにかこうにか切り抜ける知恵を持てる人間になる、**自分の幸せを見つけられる人間になるため、というしかありません**。

これはかなり概念的な説明なので、子どもにはわかりにくいでしょう。だからといって、いい学校に入って、いい仕事につけば、お金持ちになれる、という説明をしてしまうと、お金持ちになるために勉強するという論理になってしまいます。

何のために勉強するのかという質問に、うまく答えるのは難しいことです。なぜなら、その子によって、そして育った家庭によって答えが変わってくるからです。

自信をつけるため、努力することを身につけるため、豊かな人生を送るため、などなど、その子の発達過程を見極めながら、その子にとって今、どういう表現が適切なのかを考えて、親子でそのときの暫定的な結論を出してみていただきたいと思います。

その答えこそがまさに「生きる力」を備えるためではあるのですが、その概念が理解できるのは、大人になってからです。そこが厄介であり難しいところです。

第4章

親の「非認知能力」の高め方

親の価値観から子どもに無理をさせていませんか

この章では子どもと向きあう親自身の心の持ちようを考えてみたいと思います。親の気持ちと心がけ次第で親子関係が変わってくる具体的な事例を挙げてみましょう。

Nさんは、誰もが優等生と認める4年生女子でした。新4年から塾に週に3回通い、4歳から続けているピアノにスイミングもそのまま続けており、とても忙しい毎日でしたが、学校の宿題はそつなくこなすクラスの人気者だったのです。もちろんご両親にとっても自慢の娘でした。

ピアノもどんどん上達しているNさんは、将来ピアニストになりたいと夢を語ることもありました。またどんどん進級していくスイミングもやりがいがあり、やめたくないと言います。塾も「学校の勉強の予習になるから楽しい」のだそうです。

おとうさんは平日なかなか娘と話す時間がないのに、土日は習い事や塾に出かけてしまう娘をなんとなく寂しい気持ちで応援していました。

Nさんには3歳下の弟がおり、小学校1年生でした。弟はやんちゃで、ピアノもスイミングも続かず、宿題も言われなければやらないタイプ。ご両親は少々手を焼いていました。とても天気のよい日曜日のこと、弟が「公園で遊びたい！」と言い出しました。その日はNさんのスイミングの進級試験の日でした。

おとうさんはNさんに「進級試験は来月にして、今日はみんなで公園に行こうか」と尋ねました。するとNさんは「スイミングに行って進級試験を受ける。公園は3人で行って来て」というので、ご両親は「えらいね〜」とほめながら娘を送り出し、それから公園で息子を思う存分遊ばせて一日を過ごしました。

夜、晩御飯を食べながら進級試験に合格した娘を「よくがんばったね」とねぎらうと、Nさんが突然激しく泣き出しました。「やっぱりみんなで公園に行きたかったのかな」とおとうさんが聞いたところ、Nさんは何も答えず泣くばかりです。

おとうさんは、泣きじゃくる娘を見てようやく気づきました。娘は、いつもいい子だった。それは親の期待に応えて、親が求める娘像を演じていたのかもしれない。毎日、本当はどんな気持ちで過ごしていたのだろうかと。

塾が楽しい、スイミングもピアノも好きというのは嘘ではないでしょう。しかし、一緒に公園で遊びたいという気持ちもあったはずです。でも本当の気持ちを正直に話してしまうと、おとうさんやおかあさんががっかりするかもしれない。Nさんは親思いのやさしい子だからこその発言になったのです。自分に正直に、本心を受け入れてもらえる弟がうらやましかったのかもしれません。

おとうさんは、それからおかあさんともよく話し合い、本当に娘がやりたいと思っているか、無理をしていないか見極める時間をゆっくりとるようにしました。Nさんは無条件にご両親から愛されているという実感をあらためて持ち、その後もピアノもスイミングも続けて、見事、第一志望の中学に入学しました。

誰もが「親に愛されたい」「親を喜ばせたい」と思って育ちます。そのために頑張りすぎることもあります。無理をさせているのが親だとしたら、それは困ったことです。親は「いい子だから」子どもを愛するのではないのですから。

「生まれてきてくれてありがとう」と思っていたはずが、いつしか子どもを愛するための「条件」をつけているように振る舞ってしまう。そのことを察知した子どもは「親から好かれているのか」「親から認められているのか」を基準に行動するようになります。

親の価値観がお子さんに無理をさせていないかを、ときに考えていただきたいと思います。

社会に出てから求められる「数字で測れない力」

6歳から社会に出るまで、子どもたちは勉強を続けます。いちいち点数がつけられ、本人は辟易《へきえき》するかもしれません。しかし、親のみなさんは、社会に出てからも勉強は一生涯続くということを知っていらっしゃるはずです。そして、社会に出てから評価されるのは点数がつかない能力であることも、よくご存じでしょう。

点数のつかない能力とは、表現力、発想力、コミュニケーション力、想像力、創造力などです。つまり、子どもたちにも求められている「非認知能力」です。

「非認知能力」は教育の分野でも重んじられていますが、これは詰め込み教育への反省を踏まえて、平成、令和と時代が進むにつれて、教育のあり方への議論が続いていることによります。子どもたちに何を教え、何を身につけさせ、どのように勉強させていくかについて、大人たちは、重大な責任を負っているのです。

非認知能力は、日本だけでなく世界でも注目されています。OECDでは、これを「社会情緒的スキル」と呼び、「長期的目標の達成」「他者との協働」「感情を管理する能力」の3つの側面に関する思考、感情、行動のパターンであるとしています。あまりにも範囲が広くてとらえどころがないかもしれませんが、コミュニケーション力、協調性、自制心、他者を思いやる心、自己肯定感など、数字では測れないこれらの力を持つ人は、社会の中で「できる人」と認められているような気がします。

言うなれば「粘り強くやり抜ける」「自分の感情をコントロールできる」「計画をたてて実行できる」ということ。学ぶ土台がしっかりと出来上がっているということでもあります。だからさまざまな状況の変化にも対応できるのです。

点数をつけられる認知能力がいくら高くても、自ら進んで学ぶ姿勢がなかったり、コミュニケーションが苦手だと、何ごともうまくいきません。うまくいかないことが増えると、悪循環に陥り、次第に生活の質や収入の低下につながるかもしれません。非認知能力を高めるチャンスは、いくらでもあります。しかし、それを見過ごしてしまうことが多いのも事実です。

まず「他人事《ひとごと》」をやめましょう

子どもの非認知能力を伸ばす早道、それは、親御さん自身の非認知能力を高めることです。ご自身の非認知能力について、ぜひ意識していただきたいのです。そのうえで、子どもと向きあうと、子どもはいつの間にか生きる力を身につけていくことになります。

非認知能力にもいろいろありますが、まずは、なんでも自分事としてとらえるところから始めてみましょう。

現代は、いろいろな問題を「他人事」としてとらえてしまう人が多いように感じます。困っている人を見ても声もかけない、環境問題のことは知っていてもごみを分別もせず適当に捨ててしまう、具合の悪そうな人がいる、事故かもしれないと思ってもそのままにしてしまうなど、身近なところでも、「他人事」にしてしまっていることは、たくさんあるように思います。

自分には直接関係がない、なるべく厄介なことに関わりたくない、面倒なことはしたくない、自分の利益にならないなど、さまざまな理由がそこには存在するでしょう。人間関係が希薄になっていることも関係しているかもしれません。さらに、選挙に行かないのに政治に文句を言うような風潮も、大きく言えばすべてを「他人事」ととらえてしまっているから、かもしれません。

世の中のさまざまな事象を自分事としてとらえて、そこに好意的な関心を寄せ、そのことについて意見を述べたり、感想を伝え合う。そんなことが家庭でできていれば、お子さんの非認知能力は難なく上がっていくはずです。

子どもの自己肯定感を高めるために

子どもには自己肯定感を持って人生を歩んでほしいと願わない親はいません。自尊感情、自己肯定感を持つことは、満足した人生を送ることにつながりますし、何より幸福感につながるからです。まずは親自身の自己肯定感を振り返ってみましょう。

自分はダメな人間だ、つまらない人間だと考えていませんか。また、ほめられても素直に受け取れなかったり、日本人にありがちな「謙譲の美徳」を重んじて、常に遠慮がちにふるまったり、自分を必要以上に卑下したりしていませんか。世の中のだいたいのことは、誰にでもできるものですが、積極的にいけば成功が多くなります。消極的になれば失敗が多くなります。気持ちの持ち方で結果が変わってくるのです。自己肯定感を高めることで、いろいろなことに前向きにかつ積極的に取り組む姿勢が生まれます。

子どもの自己肯定感を高める一番よい方法、それは親が正直でいることだと思います。

わざわざ子どもの自己肯定感を上げる意図をもって、無理に言葉をつくろうのではなく、いつも裏表なく、自分に正直にいれば、子どもの言動に敏感になり、いいことをしたり言ったりしたときに、すぐに反応できるのではないでしょうか。

親が正直であれば、子ども自身も正直になり、常に堂々としていられます。正直でいることの大切さは、家庭でも学校でも、妥協なく教えるべきではないでしょうか。

そして、繰り返しになりますが、子どもに対して否定語を使わないことを強く意識してください。良いところを肯定的に言葉にしてあげると、子どもは「これでいいんだ」と自己肯定感を持つことができます。それが自信になり、積極的に物事に取り組めるようになります。

また親自身も自己肯定感を高めて自信を持っていると、子育ても明るくポジティブに取り組めるように思います。

正直な親のもとで正直な子が育つ

正直でいること。これはアメリカの初代大統領のワシントンが、小さいときに桜の木を切ってしまったことを正直に話したというエピソードでもわかるように、古今東西で美徳とされてきました。

でも、あなたはお子さんの前で「私はこれまで正直に生きてきた」と堂々と言えますか？

人は悪意がなくても、嘘をついてしまうことがあります。自分の失敗や良くなかった点を隠そうとするあまり、軽くごまかしていることが嘘につながる場面も多いのではないでしょうか。また「消極的な嘘」をつく場合もあります。「消極的嘘」とは、簡単に言うと「心にもないこと」です。お世辞やおべんちゃらなどがこれにあたります。しかし、心にもないことを言うと、自分の心の中に何かしらのうっぷんが溜まります。やがて我慢ができなくなり、「陰口」になりやすいのです。同じように自分も陰で悪く言われているのではないかと思ううちに、相手のことを信用できなくなります。

一方で「正直者はバカを見る」という言葉もあります。正直に話したり行動したりした結果、損をするということですが、これにも実は得もある。嘘のない正直な人は、自分に自信が持てます。どんなときも、堂々としていられるのです。誰も見ていないからいいだろうと悪事を働いても、すべてをお見通しのお天道様《てんとう》の存在があります。自分に嘘はつけない、悪事を働くことを自分に許してはいけないのです。

つまり、正直であることは他人のためではなく、自分のためだということがわかります。そして、親が子どもに対して正直であることも非常に大事です。子どもだからごまかしても良い、嘘をついても良いというわけではありません。嘘のない正直な対応が子どもとの信頼関係構築には必要なのです。

もちろん子どもに対して、どうしても真実を明かせない場合もあります。わが家でも小学校に入ったばかりのころ、息子に「サンタさんはいるよねえ」と確認されたとき、思わず「いるんじゃないの？」と伝えてしまいました。はっきりとは言えなかったわけですが、これは彼の心を傷つけた嘘ではないと思っています。

子どもに伝えられないことや正直を貫けない場面もあるかもしれません。これは悪い嘘ではないでしょう。子どもをまっすぐに育てたいという心が、別の言い方をさせているだけなのですから。

では、悪い嘘とはどういうものでしょう？　それは自分の欲や利益のためにつく嘘です。愛のない嘘ということです。

相手によって態度を変えず、誰に対しても平等であること、相手を尊重し大事にすることも、人から嫌われず、愛される人になる大きな要素です。正直でいられれば、言い訳を考えなくて済みます。常に堂々としていて、自分を好きでいられます。そうした生き方は、子どもを幸せに導いてくれるはずです。

親子でも「信頼」が宝物

社会人にとって一番大事なものは何かと問われたら「信用と信頼」であると答えたいと

思います。それは人間関係の基本だからです。

信用も信頼も獲得するまでには長い時間がかかりますが、失うときは一瞬と言われます。しかしいったん信頼関係が構築されていれば、大きな嘘やごまかしといった問題の根幹にかかわるようなことがない限り、そう簡単に信頼の絆が切れてしまうわけでもありません。

特にいつでも誠実であろうとする人は、そうした問題を乗り越える力も、持ち合わせているように思います。

「信頼」は人にとって最高の財産だと思います。小さいときから「嘘をつくな、真っ正直に生きろ」と言われて育っていれば、それが生涯を貫く指針となります。

「そんなのきれいごとだ」と思われるでしょうか。確かにきれいごとかもしれませんが、きれいごとはいけないことでしょうか。信用は「絶対に悪い嘘をつかない」という心を持つことでしか得られません。


親子の間での信用や信頼を考えてみましょう。

親は無償の愛で子どもを育てます。子どもは親に守られているという安心の中で育ちます。その絆は深く強い。多少の問題があっても簡単に信頼の絆が切れてしまうことはないでしょう。多くの親はそう思っていると思います。

しかし、日常生活の中で、口うるさく言われ続けていると、子どもは「親に信用されていない」と思うようになります。そうすると、信用を得るために軽い嘘をついたりごまかしたりすることになります。

そうならないためには、親はわが子を信用している、信頼していると心から感じる必要があります。誠実であることが一番大事なのです。

親から信用されていないと感じた子どものショックは大きいものです。そして信用されているとわかった喜びほど大きな喜びもないと思います。お互いを信じ合える喜びを家族の中に共有したいものです。

私の教員仲間で公私ともに親しくしていた先輩Kさんの話をさせてください。

彼は小学校の教員を長く勤め、後に高校に異動しましたが、いつも穏やかで自分の主張を声高に叫ぶことはなかったけれど、常に正直で、自身の哲学を持っている人物でした。私たちが困っているときには、さりげなく助けてくれたものです。

わが家はなかなか子宝に恵まれず、結婚10年目に息子を授かりましたが、Kさんも男の子一人のおとうさんだったことから同じ悩みを分かち合ったこともありました。

そのKさんの息子さんが高校卒業後、お笑いタレントを目指すと宣言。私たちも驚きましたが、ご両親の驚きは相当のものだったと思います。しかし、Kさんご夫妻は息子を信頼し、夢を応援することに決めました。もちろん親としてはそれしか選択肢はないと今なら理解できますが、当時の私たちはずいぶん心配したものです。Kさんは、戻れる場所を作っておいて、戻りたくなったらいつでも受け入れるという姿勢も示しました。

果たしてご子息は、お笑いタレントとして四半世紀のキャリアを積み、縁あってタイに移住して、象使いの資格をとり、チェンマイ大学に入学するなど、立派に生きる力を発揮して、自分の幸せをつかみとっています。

親から信頼されていると実感しているからこそ、そしてしっかりしつけを受けて「生きる力」の土台を作っていたからこそ、今の彼の幸せがあるということをつくづく感じます。

モラルを身につけるための「もう一人の自分」

「嘘をつかず正直であること」とともに、「他者に迷惑をかけないこと」「命とはかけがえのないものであると強く認識すること」「誰もが平等で差別されないこと」など、物事を判断し行動する基準となるのが「モラル」です。

これが正しく身についていなければ、周囲から批判されても何が悪いのかを反省することができません。

高い学力もモラルがあって初めて生かされます。モラルを身につけることは学力以前の問題です。ここをきちんと押さえずに、教育を語ることはできません。

ご家庭にあっても善悪を判断する基準を深く考えさせることが大事なのだと意識し、事あるたびに確認していってほしいと思います。

ここに、よく子どもたちに話していたメッセージを書いておきます。

「ずるいことをしたり、さぼったりしたことのある人もいると思います。そのときは、しめしめ、誰にも気づかれずうまくいったと思ったこともあるかもしれません。しかし、そのことを知っていて覚えている人がいます。

それは心の中のもう一人の自分です。

ほかの人はごまかせても、このもう一人の自分はごまかせません。

もう一人の自分は、厳しく、中立で、真実や正しいことをよく知っていて、自分に話しかけてきます。横道にそれそうになった自分を元に戻してくれたりするのです。

みなさんの多くは、もう一人の自分にこたえて、反省したりやり直したりします。でも、なかには、もう一人の自分を押し込めて無視したり、言い訳したりする人もいます。もう一人の自分を忘れてしまう人もいます。それは正しいことではありません。

心の中のもう一人の自分を大事にしてほしいと思います」

子どもたちの心に響いたかどうかはわかりませんが、ことあるごとにこの「もう一人の自分」について話をしました。時には「お天道様は見ている」という表現を使ったこともあります。

「もう一人の自分は、悪いことばかり指摘するわけではありません。一生懸命頑張ったこと、努力して続けたこと、わがままを抑えてほかの人に親切にしたことなど、たとえ誰からもほめられたりしなくても、努力したこと頑張ったことを認めてくれるのが、もう一人の自分です。もう一人の自分にほめられるように一生懸命に努力する、がんばる。そうありたいですね」

自己評価をするのが、自分の中のもう一人の自分であれば、より客観的な評価ができるのではないかと思います。

親御さん自身の中にも常に「もう一人の自分」を置いて、客観的に子育てをジャッジする目線を持っていただきたいと思います。

考えは伝わらないのがあたりまえ

非認知能力の中で、最も必要とされるものが、コミュニケーション力です。

私が初めて録音された自分の声を聞いたのは、中学生のころだったでしょうか。田舎ではありましたが、新しい物好きの父が、カセットテープレコーダーを買ってきて、与えてくれました。そのテープレコーダーで自分の声を録音して最初に聞いたときに「え！　これが自分の声なの？」と驚いてしまいました。普段話しているときに聞こえている自分の声とずいぶん違っていて、変な声に聞こえたものでした。これは私だけの感覚ではなく、みなさんにも大なり小なり経験があるのではないかと思います。

また、自分が書いた文章を読んでもらった際に、意図しないことを読み取られる場合があります。「そんなつもりではなかったのに」と後から知るわけです。それは、話した言葉やメールの文章などでも、どなたも経験があるのではないでしょうか。このように自分内部の考えや感覚が、他者から誤解されたり曲解されたりすることは、避けられないようです。

学校で教えていると、いろいろな場面で自分の考えが思うように伝わらないと感じます。こちらは教え諭したつもりが怒られたととられる、ほめたつもりが皮肉ととられる、励ましたつもりが欠点を指摘したととられるなど、毎日のように行き違いがありました。

これは、自分の声が録音されたものを聞いて、違うと感じることに似ているのではないでしょうか。自分の思いとは違うように相手に伝わっているのです。

こうした問題をどう乗り越えればよいのでしょう。自分の考えは正しく伝わらないのがあたりまえであり、自分の考えを正しく理解してもらえることのほうが少ないのだと心づもりをしておくと、誤解や曲解を受けたときには落ち着いて訂正できるかもしれません。いつも正確に表現できるわけではありませんし、言葉や用語の使い方を間違えることもあります。また、正確に表現しても、受け取る相手が意味を取り違える場合もあります。

話す際に愛情を込めることも大切だと考えます。「相手を愛したいから発言する」という気持ちの自覚が必要なのです。よく言われるコミュニケーション力とは、最終的には心の力なのだと思います。

話を聴いてもらうことで養われる力とは

あなたは、ご家庭で毎日、お子さんの話をよく聴いていると胸を張って言えるでしょうか。今は忙しいからあとで、とか、スマホを操作しながら片手間で生返事してはいませんか？

または、「要するにあなたの言いたいことは……」と、子どもの話を最後まで聴かずに遮ってしまうことはありませんか。

そうした親御さんのふるまいは、子どもを傷つけます。子ども自身は傷ついていることを自覚できていないかもしれませんが、深いところで哀しみを感じるのです。

子どもが話を始めたら子どもの顔を見てしっかり話を聴いてあげてください。親が要約したり子どもの言いたいことを先回りして言ったりしないでください。子どもの話を子どもの言葉で最後まで聴き、相槌を打ったり、子どもが言ったことを復唱したりしてください。そうすることで子どものコミュニケーション力は高まります。家庭の中でのコミュニケーションがお子様のコミュニケーション力を確実に育てるのです。

これは、子どもの話だけでなく、夫婦の間でも言えることです。考えてみると、日常の中で、私たちは、相手に対して説明を省略してしまいがちです。こんなことは言わなくてもわかるだろう、自分がどんな気持ちなのかは当然気がつくだろうというようなことです。そういった「あうんの呼吸」のような意思疎通は、時として誤解や思い違いを引き起こします。自分が感じていることを、相手も同じように感じているわけではないのです。

家族なのだから気持ちはわかると思い込んでいると、まったく違った考えを聞かされて驚いたり、こちらの考えていることを理解していなかったりすることもよくあるのではないかと思います。子どもは短期間に精神的に発達し、考え方や感じ方も大きく変化します。予想外のことを考えていたり思ったりしていることもあります。言葉をつくして話をする姿勢と、子どもの話をしっかり聴く努力が必要なのだと思います。**自分の思いは言葉ていねいに表現する、子どもの思いはゆっくり時間をかけて聴く**、この手間が大事なのです。

感情や気持ちというものは、整然と存在しているわけではなく、言葉にならないもどかしさがあります。そんな時、相手の気持ちを汲み取ることができると、円滑な人間関係が築けると思います。

あきらめない心の大切さを伝えるには

「忍耐力」「あきらめない心」「我慢強さ」は、幼いうちから身につけることができます。幼いころに、これらがあたりまえのこととして身についていれば、子どもは自制心が強い傾向があり、生きる力を難なく発揮するようです。

その人物が成長する人材か、停滞する人材かは、簡単に見分ける方法があると言います。停滞する人は「できるか、どうか」で考え、成長する人は「やるべきか、どうか」で考える、というのです。できるかどうかという可能性で考えるのではなく、やるべきかどうかで判断し、やるべきと考えたなら最後まで努力する人物が「成長する人材」ということなのでしょう。

私たちは生きていく限りさまざまな問題に遭遇します。そのたびに判断することが求められます。その判断の基準となるのは自分なりの考え方、信念や哲学といったものです。この判断基準がやるべきことを見極める力になるのです。

しかし、この自分なりの考え方、信念や哲学は、一朝一夕には構築できません。小さいころからの習慣、読書、学習、良き友人との出会いなどが必要なのだと思います。

社会に出ると、思った結果が出ないばかりか、失敗してしまう場面もあるはずです。その時に「自分には向いていない」とあきらめてしまえば、次のチャンスなど来るはずもありません。

親が、失敗を言い訳したり、原因を他者に求めている間は、子どももすぐにあきらめたり、他人のせいにするばかりで、うまく成長することができません。

成長するためには、失敗してもあきらめない、粘り強く最後まで努力することが大事なのです。そして、そうした姿勢がその人物の評価を高めるのです。

子どもは親を見ています。努力は報われる時が来るということを、親が示してあげてください。もし、たとえ誰も評価してくれないとしても、自分自身の中のもう一人の自分は、自分を評価できるでしょう。それは次に何かをおこなうエネルギーとなります。小学生の子どもたちがこうしたことに気づいたり、自分のこととして考えたりするのはまだ先のことになります。しかし、最後まであきらめないで頑張る心は、小学生のうちから育てていかなければならないと考えます。それを教えるのは、ほかならぬ親御さんなのです。

学校が「指示待ち人間」を生み出す?

「指示待ち人間」という言葉がよく使われます。能力はあるけれども自分で判断したり行動したりせずに、上司や同僚、先生の指示でしか動かない人です。

若い世代にそうした傾向があると考える人が多いようですが、若い世代だけでなく、広く一般に「指示待ち」の人は多いと私は感じます。

「言われてないからやりませんでした」「それなら最初に言っておいてください」などと多くの場合は訴えます。「それは私の仕事ではない」「言われてないことをやるのは損だ」などのように考える人も「指示待ち人間」と同類です。

社員にそうした人が多い企業は、活力に欠け発展性がありません。また、そうした人が増える社会も発展は見込めず、ごく一部の積極的な人が牛耳っていくことになるのでしょう。

このような指示待ち人間をつくっているのは、実は学校なのかもしれません。様々な学校の中での活動は、先生の指示を素直に聞き、言われたようにやる生徒が、良い生徒であるとされてきました。先生の判断に従っていれば叱られることもなく、間違いもないということです。だから自分で判断はしないでおこう、指示を待とう、ということになるのでしょう。

家庭でも親の言うことに素直に従う子どもが良い子と言われてきました。子どもにすれば、その経験が土台にあるので、社会人になっても指示を待つのだと思います。

子どもたちが自ら考え、自分の意見を持ち、その実現のために努力する、そうした教育がこれからは求められています。

正解を覚えこませたり、押し付けたりするのではなく、まず自分で考える習慣を育てることが大事です。そのためには、まずは親が子どもなりの考えを否定しないことです。まず大人が子どもの考えを受け入れ、問題点があれば、それに気づくようヒントを与える、良かった点はほめる、こうすることで自己肯定感を育み、いろいろなことに積極的にかかわっていくようになるでしょう。このサイクルがうまくいけば、「指示待ち人間」にはならないと思います。

親自身の〝自分育て〟を大切に

夫婦げんかをした後や、仕事で溜まったストレスなどから、つい子どもにあたってしまうことはありませんか。これは、子どもにしてみればいい迷惑です。そして、子どもは敏感に、自分が親のストレスの標的にされていることを感じているはずです。

ストレスのはけ口になった子どもは、親を信頼しなくなります。親の顔色、つまり、機嫌のいい悪いを見分ける術を覚えてしまい、親の機嫌が悪そうなときには、自分からコミュニケーションをシャットダウンしてしまうこともあります。

これは、親にとっても子どもにとっても、決して幸せな状況とは言えません。自分の機嫌がよいときに、いくら挽回しようと思っても、やってしまったことは消えないのです。親がきちんとストレスをコントロールできるようになることは、子育てにあたって越えるべき大きな壁かもしれません。

では、なぜ大人はストレスがたまってしまうのでしょうか。年を取ると人格が丸くなると言いますが、私の感想では、逆に年を取れば取るほど、意固地になってしまう人が増えているように思います。

幸せに生きている大人が増えないと、子どもは子どものままでいたくなってしまいます。

親が知的好奇心を持ち、子どもと一緒にさまざまなことに興味や関心を抱き、一生懸命に生活を楽しみ、真剣に生きていく。身近な大人が楽しげに暮らしていれば、その姿を見て育つ子どもは、大人になるのが楽しみになるに違いありません。それはとても幸せなことです。

小学生を育てている家庭の保護者の方々は、これから先も長い人生を歩んでいかれることでしょう。その人生の中でまだまだ知らないことが多いのだと謙虚な気持ちを持ち続け、子育てを「自分育て」の観点で見ていくことが大事なように思います。

自分をオープンにすると「思いやりの心」が育つ

「他者に共感する力」、つまり「思いやりの心をもつこと」もまた、妥協なく子どもに伝えたいと思います。

「思いやりの心」は人間にしかない感情ではないでしょうか。目の前に困っている人がいたら手を差し伸べることができる、赤の他人であっても、つらい思いをしている人がいたら、なんとかして救いたい、自分にできることは何だろうと考える。常に相手の立場に立ってものごとを考えられる人間は、自分を後回しにすることが苦になりません。

人の上に立つリーダーは、間違いなく「思いやりの心」をもっていると思っています。さもなければ遅かれ早かれ自滅して失脚していくでしょう。

正直であること、思いやりの心をもつことをまずは親が心がけ、日々の生活の中で子どもに伝えていくことが大切だと思います。

「思いやり」が大事なのは誰もが考えることですが、「思いやる」とは、具体的に何をどうすることなのでしょう。

人の気持ちは、例えるなら、氷山の海面下の部分です。氷山は海面上に出ているのは全体の1割ほどで、9割近くは海面下にあって見えません。

「思いやる」とは、氷山の下側、海に隠れた部分である「気持ち」に意識を向けて、人とかかわっていくことです。

つまり、相手の気持ちを考えたり想像したりしてかかわることが「思いやり」なのです。

それは自分の気持ちに対しても同じです。

友達や親、先生といった周囲の人と良い関係でいたいと思うのは大事なことです。そのよい関係のためには、相手に興味関心を持つことが第一歩となります。無関心では良い関係は築けません。たいていの人は、自分に興味や関心を持ってもらっていることがわかれば、うれしいものです。

そして、その次にすることとは、自分をオープンにすることです。オープンにするとは、相手に見返りを求めず、正直にありのままをさらけ出すことです。相手から嫌われるのではないかと心配しているとオープンにはできません。自分に自信を持って素直になることが大事です。こうしたことができると良い関係が築けるのです。

他人とよい関係が築ければ、人生が充実したように感じられ前向きになれます。

また、他人に対する気持ちと同様に、自分の気持ちも大事にできる子どもたちであってほしいと思います。保護者の方々も、自分の心を「セルフケア」で整える、よい人間関係を築くために相手や自分の気持ちを大事にする、ということをあらためて考えてみてください。

人と比べると登場するのが「悪い自分」です

幸せのとらえ方は人によってそれぞれです。しかし、人をうらやんだり、何かうまくいかないことがあったときに人のせいにしたりすると、自分が幸せだと感じることはできません。

容姿を比べたり、頭の回転や話術の巧みさを比べたりして、自分がほかの人より劣っていると感じ、もやもやとした悩みや苦しみを抱えてしまいがちです。そのため怒りっぽくなったり、言葉遣いが悪くなったりして、「悪い自分」が出てきてしまいます。

「悪い自分」にはなるべく会いたくないはずです。しかし、勝手に自分でほかの人と比べて、悩んだり苦しんだりしている。つまり、**自分で自分を苦しめる原因を作り出している**から**「悪い自分」が出現する**のです。

この解消方法は簡単です。比べなければよいのです。容姿のことを比べて悩んでも、頭の良さをうらやんでも、それはすぐにどうこうなるものではありません。どうにもならないことに悩むのは、何の得にもならないのです。

人と比べるのではなく、ありのままの自分を受け入れることが大事なのです。

子育てについても同じで、比べない子育てを心がけていただきたいと保護者の方には何度もお願いしてきました。

しかし、実際はとても難しい。ほかの子はできるのに、うちの子はまだこれしかできない、ということで悩む親御さんは多いものです。そんなときに「悪い自分」が出てきそうになります。

比べるのは「ほかの子とうちの子」ではなく、「うちの子の以前と今」にしてください。自分の子どもが前よりどのぐらいできるようになったか、過去と今を比べて、こんなにできるようになった、と自覚させてあげることは、子どもの向上心にもつながります。

ただ、人と比べずに自分のありのままを受け入れていれば、それだけでいいというわけでもありません。どんな人にも良い点や見習うべき点があります。ほかの人の良い点を見つけ、それを謙虚に見習おうとする姿勢も大事なのです。向上する、自分を良い方向に変えていくためには、ほかの人の良さを受け入れ、それを自分の中にどう取り込んでいくかを考える、そうした努力は必要です。

SNSとのつきあい方も、親ゆずり

「人と比べる」ことが習慣になってしまう原因のひとつに、「SNS」があるように思います。

SNS（ソーシャル・ネットワーキング・サービス）は、もはや現代人の生活の中に深く入りこんでいます。みなさんの中にもSNSなしには生活できないという方や、SNSに振り回されているご自身を感じる方もいらっしゃるのではないでしょうか。

特に、コロナをきっかけにして、外出ができないような状況の中でSNSで発信したり、ほかの人の書き込みや写真を見たりして時間を過ごす人が多くなったと報道されています。

SNSにはまり込んでいる人たちの一部は、毎日、複数回にわたって日常の出来事を書き込んだり食べ物などの写真をアップすることが日課になっているようです。また、愚痴や怒りについても詳細に投稿します。そして、「こんな時にはどうしたらよいか」「自分は間違ってなかったよね」と助言や承認を求めるようです。

「いいね！」を待つ姿には、自分からの発信でありながら、実は他人の評価や価値観に左右されている姿が浮かんできます。

他人の評価や承認は移ろいやすいもの。また、他人の意見は無責任なものです。そのような不安定で頼りないものに軸足を置いていては、自分というもの（主体性）がありません。どんどん依存的で日和見《ひよりみ》的になってしまいます。

どのような時代であっても、主体的に考え、行動し、人生を歩んでいくことは大事です。子どもたちが社会の中心となるころには、ＩＣＴ環境はさらに進化しているはずです。そのような社会の中で生きる子どもたちには、他人の評価や価値観に振り回されてほしくないし、自分を持った主体的な人物になっていってほしいと考えます。大人たちは、子どもをそういう方向に育てなくてはいけないのです。

親が他人に振り回され、他人の無責任な評価に頼っているのはあまりいいことではないでしょう。

ＳＮＳの普及によって、誰もが情報の発信者になることができるようになりました。しかし同じ考え方の集団では、同調者が多いのでその意見が増幅し、より過激な内容になっていく傾向があります。

また、短い文章での意見の発信が中心ですから、丁寧な説明はしにくいものです。その意見に対して、論理立てた丁寧な反論もしにくいものです。そうすると反対意見を切り捨てるような表現になってしまうのだと思います。

やがて「分断」や「格差」を生んでしまいます。

自分の考えに合わないから切り捨てる、ということでは、議論が成り立ちません。解決の方法も見つかりません。自分はこう考えるが、違う考え方もあるんだと知ることは大事なのです。

学校で同じクラスで学ぶ児童たちを例にとっても、個々人によって育ってきた環境も家庭内での立場も異なります。当然違った考え方や感情を持っています。意見のぶつかりもあります。そんな環境の中で、自分と異なる意見にも耳を傾けられる人材を育てなければならないと、ＳＮＳ社会の中で強く思うところです。

匿名で誹謗《ひぼう》中傷を繰り返す人たちの心理は測りかねるところがありますが、実生活の中での閉塞感や不公平感から生じる怒りや不満が、差別的で暴力的な書き込みへ駆り立てているのかもしれません。

　この問題を克服することは容易ではないと思います。しかし、親がＳＮＳに過度に振り回されることなく、毅然《きぜん》とした態度で、主体性をもって自分の意見をもつことに努めていれば、子どもはその価値観を身につけていくはずです。そして、ＳＮＳを使って他人を攻撃するような無知なふるまいは、恥ずかしいという感情を備えていくでしょう。私たち大人がそういう子どもを育てなければならないと思います。

第5章

中学受験は人生の役にたつ。子どもはもちろん、親にとっても

12歳で「自分と向き合う」ということ

「中学受験をさせるなんて、かわいそう」「小学生は伸び伸び育てるものだ」。こういう声はいまだにあります。中学受験のための勉強は将来役に立つものではないという人もいます。

しかし、断言します。中学受験の勉強は、将来必ず役に立ちます。

教育の最終目標は、子どもの自立だということは繰り返し述べてきました。経済的、精神的に自立することで、自分の幸せを自分で見つける力、つまり「生きる力」が養われるのです。

中学受験は、その「生きる力」をつけるための親子の共同作業です。生きる力を見据えているからこそ、「幸せになる」という目標を掲げて、長い時間をかけて、正直に目の前の課題をこなしていくことができます。生活の中で、コミュニケーション力や、発想力、創造力、自制心、あきらめない力、忍耐力、他者に共感し、思いやる力など「非認知能力」が自然に身についていきやすくなるのです。

中学受験をいい経験にできるかできないか、それは親御さんやわれわれ教員にかかっています。いい経験として中学受験を乗り越えて大人になった人たちは、一様に「中学受験で学んだことが、今に役立っている」「中学受験で成長した」と語っています。中学受験をきっかけとして、忍耐力を学び、自分と向き合う心を学んだのです。

近年の中学受験では、「読解力」「分析力」「発想力」「記述力」等を試す問題が出る傾向があります。難関校であればあるほど、その傾向は顕著です。

子どもたちは、それらの傾向に照準を合わせて、受験勉強を進めていきます。自分の頭で考えて、読解力を磨き、分析力、発想力の訓練を積み、長い文章を書く練習をします。つまり、子どもたちの受験に向けた学びは、そのまま非認知能力を伸ばす営みになります。これが、現在の中学受験の実態です。


中学受験は、親子一体で進めないとなかなかうまくいきません。まれに精神年齢が高い子どもが、たった一人で自分をコントロールして勉強を進めていくケースもありますが、多くの子どもは、親の考えで選んだ塾のカリキュラムをこなしながら、親に生活をコントロールしてもらって、少しずつ実力をつけていく、というのが一般的です。

親子一体で進める、ということと、親主導で進めることはまったく違います。

中学受験の主役は、あくまでも子どもです。塾に通うのも、子ども。試験を受けるのも、子ども。頑張るのは子どもなのです。

低学年のときは、勉強の内容を見ることはできるでしょう。しかし、4年生ぐらいになるとお手上げになる親御さんが増えてきます。現役の小学生の実力は、長い間勉強から離れている親を、やすやすと超えていきます。親としては頼もしく、うれしくもあります。

理想を言えば、高学年になったときに、「自分は中学受験をするのだ」と自覚して、志望校に向かってコツコツと自発的に勉強するようになれば、第一志望校突破にぐんと近づくことでしょう。

両親のかかわり方のバランス

受験にむけて、両親それぞれの役割分担を決めている家庭も多いと思います。いつも細やかに言葉をかけるおかあさんに対し、たまに大局的に厳しいことを言うおとうさん。宿題の丸つけだけはおとうさんにまかせている家庭があれば、どちらかが叱ったらどちらかがフォローするなど、その都度、役割が入れ替わる家庭もあるでしょう。どのような場合も、夫婦でバランスよく子どもの気持ちを引き立てながら、淡々と毎日のルーティンをこなしていけるようになると、子どもは安定して、日常生活を送ることができます。

Sさんの夫は、二人の息子を中学から自分の母校に入れたいと考えていました。Sさん自身は高校まで地方の公立で過ごし、大学受験しか経験がなかったのですが、夫の夢を叶えるため応援する側に回る気持ちでした。しかし、ご主人は商社勤務で海外出張も多く、実質的な子育てはSさんがいわゆるワンオペでこなしていました。

塾に通うも、長男の成績はふるいませんでしたが、母親から見てもおっとりしていてやや幼稚な長男は、大学受験のほうが実力を発揮するタイプではないかと考えていました。

息子が小学6年と4年になったときに塾の偏差値を初めて知った夫は、長男が自分の母校の偏差値とはかけ離れた成績であることにショックを受け、なぜもっと早く状況を伝えなかったのかと妻を責めます。しかし、妻のほうはこれまで何もかもほったらかして、向き合おうとしなかった夫に対して不信感が募り、夫婦仲はしだいに険悪になっていきました。

ある日、夫は「長男はもう遅い。あきらめた。これから次男の勉強は主体的に自分が見る」と言い出しました。息子たちの前で言わないでほしいというSさんの願いもむなしく、海外出張のない部署に異動した夫は、次男の受験に専念して、細かく口を出すようになります。それまで兄弟はそれなりに伸び伸びと小学校生活を謳歌していたのですが、次第に長男は元気をなくし、次男は情緒が安定せず学校でキレることも……。

何が兄弟をそうさせたのか、みなさんはおわかりになると思います。これでは子育てを夫婦で役割分担しているとは言えません。

子どもの人生は子どものもの。親が夢を託すのは自由ですが、あくまで子ども自身が喜んで乗れるならば、という条件がつくはずです。また、受験に対して親が突然積極的になれば、子どもは戸惑うばかりでしょう。

両親のどちらかの仕事が忙しくて物理的に受験にかかわれないのであれば、もう一人が主体的にサポートすることになります。もちろん文句を言うべきではありません。そして物理的にかかわれない分は、主体的にかかわる妻や夫の精神的なフォローに回っていただきたいものです。

仲のいいご両親のもとで育ったお子さんが、より「生きる力」を備えることになるのは、あたりまえなのかもしれません。

親子が受験で成長するために

この本では、「あたりまえのことをあたりまえにこなす大切さ」を何度も述べてきました。これは一番大事なポイントであり、簡単なようで非常に難しいことです。だからこそ、辛抱強く「あたりまえ」をこなすことで、子どもが大きく成長する。そのきっかけとなるのが中学受験なのです。

あたりまえのことをこなしていれば、子どもは生活をコントロールできます。生活をコントロールできれば、自分の気持ちもコントロールできるのです。

印象に残っているYくんの話をします。

公立小に通っていたY君は、おっとりしたやや引っ込み思案な子どもで、それを心配したおかあさんは息子を地元のサッカーチームに入れました。将来の夢はサッカー選手。体育の時間も小学生の割にはやや長い髪をなびかせて、颯爽《さっそう》と走り抜けていくような、シャイではあるけれど活発な男の子に育っていました。早寝早起き、朝ご飯。おかあさんは、あたりまえのことをあたりまえにこなしながら、にこにこといつもご機嫌な表情でY君と3歳下の兄弟を育てていました。

おかあさんは、毎日の宿題だけはきちんとこなせるように生活を組み立て、中学受験はしてもしなくてもいいと思っていました。というのは、夫婦ともに北海道出身で東京の中学受験の実態をよく知らず、経済的にも私立より公立という気持ちもあったからです。

5年生2学期、Y君は周りが中学受験を言いだしたことから、自分も受験したいと宣言。塾に通うことにします。選んだのは、近所のあまり大きくはない塾。いくつかの塾を下見したうえでの決め手は、塾が終わったときに出てくる子どもたちが楽しそうだったから、でした。

Y君は3クラスの真ん中のレベルのクラスに通塾しました。集中力があり、計算が得意でした。模試を受けた後、偏差値50は真ん中だと聞き、「だったら55ってすごくいいね」とおかあさんに話しました。まだサッカー中心の生活を続け、晩ご飯のあとには、弟とゲームをする毎日だったのです。

おかあさんも、それほど真剣に取り組んでいたわけではなく、ただ毎日、遅刻しないように塾に送り出し、帰りは真っ暗な中、迎えにいくという日々でした。

6年生になり、そろそろ志望校を絞ることになる時期、Y君は塾のクラスがだんだんと物足りなくなってきます。そのクラスでは先に来た生徒は後ろのほうの席に座り、授業中、前のほうの席は空いたままになっていました。「みんなが前の席に行きたがらない」と不思議そうに言うのを聞いて、おかあさんは「だったらSクラスに替わってみようか」と提案します。Sクラスでは、先に来た生徒は一番前の真ん中をとり、出遅れた子が悔しがると、塾の室長から聞いていたのです。

Sクラスの仲間はフレンドリーですぐに馴染《なじ》むことができました。A君は開成、B君は麻布、C君は慶應普通部などと聞いているうちにY君は「僕も開成」と言い始めました。おかあさんは笑いながら、夢は大きく持った方がいいよね、と支持したものの、その時点で内心では偏差値58ぐらいの中堅校に照準をあてていたと言います。

梅雨が明けて、そろそろ本格的な夏が始まろうというころ、少しずつ成績が伸び始めました。模試での偏差値は算数は65以上、国語も60を超えるようになり、勉強のペースもつかめてきたのです。おかあさんは試しに開成の過去問を取り出しました。現実はなかなか大変だということをわかってもらおうとしたのです。半分ほど解いたところでY君は大きくため息をつきました。

「ぼく、もうゲームはやらない。これを全部解けるようになりたいよ」

そして、自分のゲーム機を新聞紙でくるみ、ガムテープでぐるぐる巻きにして、こう言いました。「これ、預かっておいて」。

おかあさんは息子の頭の上からボ〜〜ッと炎が上がっているような気がして、「そんなに頑張らなくてもいいよ。君とご縁がある学校はたくさんあるはずだから」と慌てて伝えたほどです。そして、息子の本気を感じ、自分にできることは体調管理だけだと、これまで以上に家族の健康にも気を遣い、塾にもっていくお弁当作りに励みました。

Y君の勢いはとどまるところを知らず、やがて模試で全国1桁台を獲得。それでも驕《おご》ることなく、淡々と課題に向き合い、塾のクラスメイトとともに工夫しながら理科や社会の暗記項目を覚えるなど実力をつけていきました。おかあさんはというと、むしろ弟がいじけないように気を遣いましたが、弟はそんな兄に、ますます尊敬の念を深めていたようです。

年が明けて1月30日。明後日はいよいよ開成中学の入試本番という日に、父方の祖母が激励に来てくれました。お祖母さんは孫の大好物のシュークリームをもってきていました。

Y君はその日も塾で勉強してから夜遅くに帰宅。そして、冷蔵庫に入っていたお土産のシュークリームをパクパクと食べました。

すると、夜中から下痢、嘔吐《おうと》と腹痛に襲われ、38℃台の発熱。食あたりです。

翌日も熱は下がらず、塾の壮行会は欠席。塾のクラスメイトの親たちは「試験直前に生ものをもってくるなんて非常識」と言い合いましたが、おかあさんは、お姑さんを責める気持ちは微塵《みじん》もなく、食べさせた自分が悪かったと、ひたすらにY君を看病しました。

そして迎えた入試当日。前日丸一日、何も食べられなかったYくんの目はくぼんでいます。おかあさんは、結果はもうどうでもいい、無事にその日が過ぎることだけを祈ってYくんを送り出しました。

果たして結果は……第一志望の開成に合格、そして筑駒（筑波大附属駒場）も合格。筑駒に進学したYくんは、中学でまたサッカーを始めました。その後、東大に現役合格したのは自然の流れだったかもしれません。

Yくんのおかあさんは、受験ではあくまでも脇役でした。そして一度も「○○を目指せ」とは言わず、淡々とごはんを作り続け、算数の丸つけを続けたのです。

もし不合格に終わったとしても、ご家族は不合格を誰かのせいにすることはなかったでしょう。別の中学でサッカーを楽しみ、高校や大学受験で実力を発揮したのではないでしょうか。

Y君親子には、生きる力が備わっていました。それは、おかあさんが常にどんと構えて、焦らずくさらず、淡々と生活し、気持ちをコントロールできていたからにほかなりません。もともと生きる力を備えていたおかあさんですが、受験を通して息子の精神的な自立を感じ、余計なことは言わずに徹底してサポートに回り、支えました。

Y君自身も自分を律するためにゲームを封印する決意をし、葛藤の中で中学受験を見事に成長の糧にしました。その後、Y君の弟も、第一志望に合格したといいます。

これをうまくいきすぎている話だと感じますか？

もちろんこんな一家ばかりではありません。しかし、私はあたりまえのことをあたりまえにこなして過ごしていれば、誰もがY君になれると信じています。

中学受験は、あくまで人生のほんの通過点にすぎません。そもそも、成功も失敗もないのです。試験の当日、アクシデントに見舞われるかもしれない、体調を崩して実力が発揮できないかもしれない。でも嘆く必要はありません。その日がうまくいかなくても、うまくいく日はやがてやってきます。取り返しのつかない受験など、ないのです。

どんな学校もご縁です。その学校しか行きたくないと思っていたけれど、別の学校に進むこともあるでしょう。そんなときは、大人になってから心の葛藤を含めた成長の物語として、思い出を自分の子どもに話してあげてほしいと思います。

ですから、あくまでも「ここに通いたい」と心から思える学校を受験するのがよいでしょう。そのために学校見学は必ずしておくべきです。文化祭や運動会などを見学して、先輩在校生たちのようにかっこいい制服を着て、ここに通うのだ、とイメージを膨らませておくのです。同じ学校を何度も訪ねるのもよいと思います。

志望先への合格はひとつの目標であってゴールではありません。それは中学受験だけでなく、高校受験でも大学受験でも、そしておそらく就職でも同じ。

中学受験で第一希望の学校に進学できるのは、わずか2割とも3割とも言われます。ゴールだと思ってしまえば、そこから先は目標がなくなって、楽しめなくなるかもしれません。また、ゴールしたとたんに燃え尽きてしまうこともあります。

頂上に到達できなくても、途中を楽しむことができれば次のステップに踏み出せる、人生はその繰り返しであることは、大人なら実感しているのではないでしょうか。それなのに、子どもの受験となると多くの親が我を忘れるのは、困ったものです。

自分の将来に夢を持ち、幸せに生きるための努力をする。わが子がそんな大人になってくれることが親の願いです。人生の目的がはっきりとしないまま、お金持ちになりたいとか、地位を得たいなどという結果を目的化してしまい、取り違えてしまっていることに気付かないまま過ごすのは、幸せなことではありません。

中学受験は、親子で取り組まなければならない場面がたくさんありますから、子どもとの距離は近くなります。ともすると親は子どもを自分の分身のように考えてしまいがちです。自分ならこうするのに、ずっと手っ取り早いのにと、親が行き過ぎてしまう。あたかも自分がふがいないもう一人の自分を責めるような感覚で、子どもに向かってしまうのです。しかし子どものほうは親の分身だとは思っていませんから、衝突が起こります。

「自分が当事者になって受験するほうがずっと楽だ」と、多くの親御さんが言います。代わってやりたくても、まさか替え玉受験をするわけにもいきませんし、結局できることは、毎日あたりまえに生活をさせ、励ましたり、なだめたり、すかしたり、押したり引いたりしながら、子どもの気持ちをコントロールすることだけです。

淡々と続く毎日のあたりまえをこなせる親であり、こなせる子であること。その積み重ねが、どれほど大きな力に変わっていくか、想像してください。

生活と気持ちをコントロールできるようになれば、生きる力の土台ができあがります。

親の心のなかにある不安や動揺は、子どもにも伝わります。心の中は顔には出さず、いつもにこやかに子どもと接することができるようにしていただきたいと思います。

低学年や中学年（小学4年生ぐらいまで）の親御さんは、子どもの精神的な発達を促すため、ひたすらおおらかな気持ちで接することを心がけましょう。

毎日、決まったことを決まった時間にあたりまえにやり続けることを、うんとほめてあげながら過ごしていただきたいと思います。

子どもが6年生になったら、「すごいね」「がんばってるね」「素敵」「かっこいい」と言い続けてください。くれぐれも親の動揺や不安が伝わらないように、どんと構えるふりをしましょう。

全国には780ほどの私立中学校があり、70校ほどの国立中学校があります。子どもの中学受験にかかわる親は、日本全体の7～8％だと言われています。中学受験ができる環境にある家庭は大変恵まれていると言えるでしょう。その恵まれた環境から、「生きる力」を備えた人間、そしていい仕事をするいい大人が一人でも多く出てほしいと思います。

中学受験を乗り越えると、親は、子どもとの距離の取り方が上手になっているはずです。次は思春期を迎えた子どもたちをサポートし、やがて大人になる様子を信頼しながら見守っていくでしょう。中学受験を支えるなかで子どもを信用するしかないことを学び、さまざまに鍛えられ、いつしかお子さんにとって日本一の親に成長しているに違いありません。

おわりに

私は東北、福島県の出身です。父は田舎の中学校の教員で、専業主婦の母、兄、弟、そして父方の祖母の6人家族で育ちました。

父は教員を天職としているような人で、いつも朗らかで前向きに人と接していたからでしょうか、家にはいつも卒業生が訪ねてきたり、保護者の方が相談にきたりという環境でした。結果として三人兄弟が三人とも教員の道を選んだのですから、父の存在は少なからず息子たちに影響を与えたようです。

大学卒業後、44年間、学校教育に携わってきました。父同様、決して優秀な教員ではありませんでした。がむしゃらに突き進んできた中で、転機といえるのは二度でしょうか。

一度目は中学1年から高校3年まで、6年間持ち上がった学年の学年主任として担任をした経験です。学校が大きく変わる時期と重なり、刺激的な毎日でした。あれもしてみよう、これもしてみようと担任団を組む教員、特に比較的若手の教員との試行錯誤は、得難い経験となりました。当時の仲間は今でも財産であり、そのときの考え方や意識は、入試広報の仕事や小学校への活動に役立ったように思います。

二度目の転機は、やはり小学校への異動です。50歳を過ぎて新しい世界に飛び込みました。やってみると校長としての責任は重いものでしたが、自分で考え、判断し実行していくことには、何物にも代えがたいやりがいを感じました。もちろんすべて思い通りにいくことばかりではありません。失敗もありました。また、小学校教育をよく知らないなかでの取り組みでしたので、小学校の先生たちに相談し、頼りながら進めてきました。

私自身は、みんなを引っ張っていくリーダーではなく、調整しながら進めていくタイプです。ほかの教員や他校の取り組みなどを参考に、ともに考え、話し合いながら進めてきました。これで良かったのか、間違っていないかを自問自答する毎日でした。結果が数字となって表れ、保護者の方に「この学校に入学して良かった」などと言っていただけるとうれしくなりましたし、この方向で良かったと思えたものでした。

未来を担う子どもたちには可能性があります。良い社会を創ってくれる可能性を信じて、目の前の子どもたちを育てる。こんなに楽しくてやりがいのある仕事はありません。

6歳で小学校に入学してきた子どもたちは、6年後、驚くほど成長して旅立っていきます。その表情は、充実感と達成感に満ちています。子どもたちから、私は、たくさんのエネルギーをもらい、何度も救われました。

子育てほど思い通りにならないものはありません。そして、子育てほど幸せを感じさせてくれるものもありません。子どもと一緒に育っていけることは、親としてこの上ない楽しい時間であり、喜びでしょう。この先、長い人生の中のどこで活躍するか、いつ活躍するか、それはすべて、子ども自身が選び取っていくことです。自分の人生を楽しんでいく子どもたちを好奇心を持って見守る。それは、親であるみなさん自身の生き方を考えるチャンスにもなると思います。

最後にこの本をまとめるにあたり、いつも私をサポートしてくれた洗足学園小学校の赤尾綾子教頭をはじめ、教員や事務のみなさん、保護者のみなさん、私の教員としての礎を築いてくれた中高在職時代の仲間たち、多忙な時間を割いてご協力いただいた中央公論新社の三木哲男氏、小林裕子氏、そして、最後までお読みくださった読者のみなさんに御礼申し上げます。ありがとうございました。

２０２４年４月

吉田英也

写真提供：吉田英也
装幀：中央公論新社デザイン室

吉田英也（よしだ・ひでや）
1955年福島県生まれ。慶應義塾大学法学部政治学科卒業後、79年に洗足学園中学校・高等学校の社会科教諭となり学年主任、教科主任、入試広報委員長などを歴任、全国有数の進学校への発展に大きくかかわる。2010年、洗足学園小学校の校長に就任。同小学校で「中学受験を全面的にサポートする体制」を整え、難関中学への合格実績を作り上げた。全員が中学受験を経験する私立小学校という環境のもと、家庭との連携を重要視する学校教育を実践。本書は初の著書となる。現在は学校法人洗足学園理事。また保護司としても活動する。

心《こころ》を育《そだ》てる中学受験《ちゅうがくじゅけん》
全員《ぜんいん》が中学受験《ちゅうがくじゅけん》する洗足学園小学校《せんぞくがくえんしょうがっこう》が
大切《たいせつ》にしていること

2024年４月25日　初版発行
2024年６月20日　再版発行

著　者　吉《よし》 田《だ》 英《ひで》 也《や》
発行者　安 部 順 一
発行所　中央公論新社
〒100-8152　東京都千代田区大手町1-7-1
電話　販売 03-5299-1730　編集 03-5299-1740
URL　https://www.chuko.co.jp/

ＤＴＰ　今井明子
印　刷　大日本印刷
製　本　小泉製本

©2024 Hideya YOSHIDA
Published by CHUOKORON-SHINSHA, INC.
Printed in Japan　ISBN978-4-12-005781-6　C0037

定価はカバーに表示してあります。
落丁本・乱丁本はお手数ですが小社販売部宛にお送りください。
送料小社負担にてお取り替えいたします。

●本書の無断複製（コピー）は著作権法上での例外を除き禁じられています。
また、代行業者等に依頼してスキャンやデジタル化を行うことは、たとえ個人や家庭内の利用を目的とする場合でも著作権法違反です。